AF493930

RÉCIT

DU

SIÈGE DE VALENCIENNES

EN 1656

PUBLIÉ D'APRÈS LE MANUSCRIT ORIGINAL DE SIMON LE BOUCQ

PAR

MAURICE HÉNAULT

VALENCIENNES
IMPRIMERIE A. BONENFANT, RUE ST-GÉRY, 56

1889

RÉCIT

DU

SIÈGE DE VALENCIENNES

Tiré à cent-cinquante exemplaires dont huit
sur papier de Hollande numérotés.

RÉCIT

DU

SIÈGE DE VALENCIENNES

EN 1656

PUBLIÉ D'APRÈS LE MANUSCRIT ORIGINAL DE SIMON LE BOUCQ

PAR

MAURICE HÉNAULT

VALENCIENNES
IMPRIMERIE A. BONENFANT, RUE ST-GÉRY, 56

1889

PRÉFACE

« *Connais toi toi-même.* »

Ce Livre est dédié aux vrais Valenciennois, et aussi à tous ceux qui m'ont témoigné quelque sympathie en s'intéressant à mes premiers travaux.

Me trouvant au milieu des richesses uniques de notre Bibliothèque municipale, je suis devenu Valenciennois d'esprit comme je l'étais déjà de cœur. Mais je le constate avec regret, de nos jours il y a une sorte d'abandon général des études historiques; les liseurs et les travailleurs sérieux deviennent de plus en plus clair-semés, et beaucoup de personnes, attachées réellement à la vieille cité, proclament bien haut leur respect et leur amour pour leur ville dont ils ignorent trop l'histoire. Et pourtant! quel vaste champ est ouvert aux gens d'étude! Que de faits intéressants, dignes de charmer leurs loisirs, sont là, ignorés depuis des siècles, ne demandant que quelques jours de travail pour sortir du néant et revivre transformés!

Que les travailleurs viennent donc et fouillent dans ces archives poudreuses, dans ces manuscrits précieux où il y a tant à découvrir.

C'est la tâche que je me suis imposée et que je

poursuivrai autant qu'il me sera possible. Mais, seul, je ne pourrais y suffire, et mes travaux isolés auraient bien peu d'importance, si des émules ne venaient m'aider à remettre au jour et à vulgariser les annales valenciennoises.

Je serais fier et je me considérerais comme largement récompensé de toutes mes peines, si mon appel était entendu, si je pouvais réveiller dans un cœur Valenciennois l'amour de sa ville natale et des faits si curieux dont se compose son histoire.

J'ai choisi pour sujet de ce livre le SIÈGE DE VALENCIENNES EN 1656, *voici à quel propos. Déjà des travaux intéressants avaient été publiés relativement aux sièges qu'a soutenus notre cité en 1567, 1677, 1793 et 1815, mais on ne s'était pour ainsi dire pas occupé de celui de 1656, l'un des plus curieux et des plus intéressants à tous les points de vue.*

Jacques de Rantre et le P. Ste-Barbe en avaient bien donné un récit très court et quelque peu fantaisiste; mais celui qu'en a fait Simon Le Boucq était très exact, très détaillé et avait surtout la saveur de l'inédit. Je me résolus à le publier en donnant en même temps la biographie de cet illustre chroniqueur.

Venant après le regretté M. Dinaux, il m'était difficile de donner du vieux Valenciennois, une notice mieux et plus savamment traitée que la sienne. Je me suis donc borné à y ajouter certains faits oubliés dans ses investigations, et à citer les sources auxquelles il avait puisé.

Qu'il me soit permis maintenant de remercier tous

ceux qui ont bien voulu m'aider de leur savoir et de leurs conseils encourageants. Je citerai M. Mariage, le sympathique Commandant des Canonniers sédentaires, dont le riche atlas valenciennois m'a été d'un grand secours. Cet ensemble de cartes et de légendes auquel l'auteur travaille depuis une dizaine d'années, est un vaste recueil de toutes les questions intéressant Valenciennes au point de vue géographique, artistique et militaire: par exemple les plans de la ville à différentes époques, les questions relatives à l'agrandissement et l'historique de la porte de Lille depuis leur origine, etc. Cette œuvre essentiellement valenciennoise, déjà honorée à Douai, en 1883, d'une médaille de 1re classe, est, paraît-il, destinée à enrichir la Bibliothèque publique, où elle sera consultée avec fruit. Je serais ingrat, si j'oubliais en terminant, MM. Edmond Lemaître, Derome, Monier et Ratel-Hécart, savants autant que modestes connaisseurs de l'Histoire Valenciennoise, qui ont mis la plus aimable complaisance à faciliter mes recherches.

MAURICE HÉNAULT.

I

SIMON LE BOUCQ — SA VIE

Valenciennes, ville féconde en événements remarquables, ne devait à aucun moment de son existence, manquer de chroniqueurs et d'historiens, fiers de rappeler sa grandeur et sa gloire à la postérité. D'âge en âge, surgissent des hommes possédés d'un amour exclusif pour leur ville natale, leur vraie, leur unique patrie dans ces temps de guerres perpétuelles, où l'on en changeait si souvent. On ne disait pas alors : je suis Espagnol, je suis Français, on était fier d'être Valenciennois ! Des centaines de curieux et de chercheurs, déchiffrent patiemment, avec un zèle infatigable, les vieux manuscrits enfouis dans les archives des couvents et des églises, et amassent sans ordre et sans suite bien souvent *(rudis indisgestaque moles)* les faits plus ou moins intéressants qu'ils rencontent. Mais ce qui rendait leur tâche noble et grande, c'est qu'ils laissaient, on peut le dire, à chaque page, à chaque ligne de leur ouvrage, une parcelle de leur intelligence et de leur vie. Dès qu'ils avaient su tenir une plume, l'idée leur était venue de raconter l'histoire de leur chère cité, et bien souvent leur âme s'envolait, alors que leur main venait à peine de tracer à la dernière page de leur manuscrit, ce mot que l'on rencontre si souvent au moyen-âge « *Explicit* ».

Ce n'était point en artistes et pour la gloire qu'ils travaillaient, ces Valenciennois, qui le plus souvent étaient des moines ayant fait vœu d'humilité; mais en enfants respectueux, portant au cœur un amour infini, une admiration enthousiaste pour la ville qui les avait vus naître.

Et de siècle en siècle, de génération en génération, ils se transmettaient comme un héritage sacré, cette tâche d'apprendre à ceux des âges futurs, de quels évènements remarquables leurs ancêtres, les habitants de cette ville, qui a gardé jusqu'ici les deux surnoms honorables de « bonne et franque », avaient été les acteurs ou les témoins.

Parmi ces Valenciennois à qui tenait si fort au cœur l'amour de la cité, parmi ces chroniqueurs de mérite, comme on en rencontre tant dans notre histoire, il en est un qui force l'attention par la multiplicité et l'intérêt de ses ouvrages, c'est Simon Le Boucq.

Simon Le Boucq, dont la famille était originaire du Cambrésis, naquit à Valenciennes, le 15 juin 1591 dans une maison[1] de la rue des

(1) Cette demeure rebâtie par M. Dutont père, au commencement de ce siècle, fut habitée par M. Dubois notaire, et de nos jours, par M. de Quillacq (rue Capron, 1).

Étuves,[1] sur la porte de laquelle on pouvait voir sculptées dans le bois les armoiries de ses ancêtres.[2] Son père, Richard Le Boucq, maître des pauvres de la ville, bourgeois des plus honorables, était le frère de Jacques Le Boucq, peintre héraldique et généalogiste célèbre.[3] On ne connaît pas exactement la date de sa naissance, mais il mourut le 30 juin 1624, et fut enterré à Notre-Dame-la-Grande, auprès de sa femme Ursule Puchot (ou Puthot), fille de Louis, décédée le 16 avril 1620. De cette union étaient nés quatre enfants : Simon Le Boucq, dont la descendance devait former plus tard la branche de la Mouzelle ; Richard, qui en 1611, épousa Anne Deulin, fille de Jean et d'Esther de Cordes ; Jeanne, femme de Jacques Beugnies, échevin de Valenciennes, et enfin Madeleine, femme d'Antoine Le Coulon.[4]

On n'a aucun détail précis sur l'enfance de Simon Le Boucq, ni sur la manière dont il fit ses études, fort négligées du reste, ainsi que lui-même nous le confesse naïvement dans l'un de ses ouvrages.[5]

(1) Petite rue aujourd'hui supprimée (commencement de la rue Capron), séparée seulement par quelques maisons de la place des Rhonneaux (place des Viviers).

(2) D'azur aux trois ruches d'or, par deux et une, le héaume ouvert et treillé ; pour cimier, un lion naissant, rempant d'or, armé, lampassé et couronné d'or, substitué par le roi d'Espagne à un bouc naissant accosté de deux ailes, que la famille portait plus anciennement.

(3) C'est à tort que M. Ch. du Rozoir fait de Jacques Le Boucq, le père de Simon. (*Mémoires de la Société d'Emulation de Cambrai 1826-27*, p. 105).

(4) *Généalogie de la famille des Le Boucq*, par A. Le Boucq de Ternas, p. 278, à la suite des *Advennes* de P. Le Boucq.

(5) *Antiquitez et Mémoires de la très renommée et fameuse ville et comté de Valentienne* (prologue). « A mon grandissime regret, je n'ai jamais estudié, l'occasion ne si estant jamais présentée du temps de ma jeunesse. »

Pour obéir à la tradition souvent suivie de nos jours dans les familles du grand négoce, il fut envoyé jeune encore pour se former et s'instruire, à Anvers, la ville alors la plus importante des Pays-Bas, le centre du commerce et des arts, chez François Swert, l'un des amis de son père. Il demeura plusieurs années auprès de ce riche marchand qui, à ses moments de loisirs, ne dédaignait point d'allier parfois, paraît-il, « le culte des Muses à celui plus sévère de Mercure ».[1] C'est sans doute dans ces relations intimes avec Swert, que le jeune Simon acquit ce goût si vif pour l'histoire, ce profond amour de l'étude, qui ne le quittèrent jamais durant toute son existence. Mais revint-il bon commerçant? Il ne nous en a guère donné de preuves par la suite.

De retour dans sa ville natale, Simon Le Boucq, par son sérieux, son extrême prudence, attira sur lui l'attention de ses concitoyens. Aussi, bien que fort jeune encore, se vit-il nommé successivement lieutenant, puis surintendant de l'artillerie, fonctions que les Le Boucq exercèrent d'une façon presque héréditaire, et peu de temps après échevin[2] (10 décembre 1618). C'est ainsi que le futur auteur de l'*Histoire Ecclésiastique* faisait ses premiers pas dans la carrière des honneurs civils et militaires, et s'exerçait en attendant d'être

(1) Foppens. — *Bibliotheca Belgica* (T. 1. p. 313).

(2) « Au lieu de Mrs Andrien le Preux, admis à la Greffe criminelle a esté surrogué Escevin, Simon Le Boucq, pour suyvir Jean de Le Fueille et presté serment le X décembre 1618. » (*Magistrat de la ville de Valenciennes. — Registre officiel*). Bibliothèque publique, Ms 550, p. 113. v.

appelé à d'autres fonctions plus dignes encore de son mérite.

Vers la même époque Simon Le Boucq épousa Catherine Deulin (ou Deulen), fille de Jean Deulin, riche bourgeois de Valenciennes, et d'Anne de Cordes, dame de la Mouzelle à la mort de son frère. Malheureusement cette union fut vite rompue par la mort de Catherine, arrivée le 3 janvier 1622. Simon Le Boucq restait veuf avec trois enfants, Denis, qui arriva rapidement comme son père, aux fonctions les plus hautes, et mourut le 26 avril 1664 ; Jeanne, née le 6 octobre 1620, décédée le 13 décembre 1652, mariée en 1643 à F. Michel, seigneur de Neufrucs, capitaine des bourgeois, puis prévôt de Valenciennes ; enfin Anne-Dominique, religieuse au couvent de Beaumont, où elle mourut le 18 janvier 1653.

Malgré ses occupations multiples, Simon Le Boucq avait mis à exécution le projet conçu, depuis longtemps, d'écrire l'histoire de sa ville natale.[1] Mais poussé par le désir de se faire un nom et de plaire à ses concitoyens, il remania son premier ouvrage et en fit une sorte de résumé qu'il publia en 1619, sous le titre de « *Bref recveil des Antiqvitez de Valentienne* ». Ne sachant l'accueil réservé à cette brochure, il se contenta de la signer de ses initiales. Le succès dépassa ses espérances ; et dès lors, riche, honoré, il se mit à fouiller avec une ardeur nouvelle dans les

(1) *Annales de la ville de Vallenchiennes*, demeurées manuscrites (1615). bibl. pub., Ms 530.

archives des Couvents et des Églises, sources fécondes en précieux documents, dont il devait faire plus tard un si bon usage.

Les années 1622 et 1626 sont marquées, l'une par sa nomination au Magistrat et à la direction des Chartriers, l'autre par son établissement comme Maître de la bonne Maison des Ladres, ainsi qu'il nous l'apprend lui-même.[1]

L'année suivante, il se fait bâtir rue Capron, non loin de la demeure paternelle, une vaste et belle maison.[2] Un incident remarquable, surtout pour un chroniqueur tel que lui, vint signaler les premiers temps de son installation dans sa nouvelle habitation. Le 14 février 1635, jour de la Saint-Valentin, l'Escaut grossi par des pluies abondantes, rompit ses digues et fit irruption dans les bas quartiers de la ville. Chez Simon Le Boucq, les eaux montèrent à plus de trois pieds. Aussi en souvenir de cet événement, fit-il graver en lettres rouges et noires, le chronogramme suivant sur le mur de son salon :

LE JOVR SAInCT VALEntIn ET trOIS APRÈS,

L'ESCAVLT A ESTÉ JVSQVES A CESTE MARCQVE.

(1) « Et comme lors l'un des maistres estoit décédé (sçavoir Franchois de Bolvigue) dois (depuis) le 25 décembre 1625, Moy, Le Boucq, fus estably après: sçavoir le 13e may du dit an 1626, pour le susdit terme de trois ans, durant lesquelz (avecq la grâce de Dieu), je remis la dicte maison en bon estat. (S. Le Boucq, *Histoire ecclésiastique*, ch. LXXVI, p. 191.)

(2) Cette maison porte le no 27 de la rue Capron, elle est actuellement habitée par Mme Mabille mère qui en y faisant faire des réparations en 1841, a retrouvé les armes de Simon Le Boucq, sculptées sur bois, avec la date de 1627, celle de la construction de cette demeure.

Lors de la venue de S. A. R. Ferdinand, infant d'Espagne, à Valenciennes, le 15 juillet 1636, Simon Le Boucq, eut l'honneur de loger le docteur G. Hiflet de la suite du prince.[1] Peu de temps après il obtint la prévôté de la Halle Basse et le grade de lieutenant prévót (1637).

Le 27 mai 1638, eut lieu la pose de la première pierre du rempart de la Poterne et de la demi-lune de la porte Montoise, qui fut reconstruite en pierres plus résistantes. Le prévôt était alors absent, Simon Le Boucq, son lieutenant, le remplaça et présida à la cérémonie.

Le 13 avril suivant, une collision sanglante, (accident très fréquent), éclata entre soldats et bourgeois, l'un de ces derniers s'étant obstinément refusé à loger un alfarez (porte-enseigne) et ses hommes. Servi en cette occasion par sa prudence et son sang-froid, Simon Le Boucq, évita de grands malheurs.[2]

Trois ans plus tard « Le Sr de Montauban étant venu à décéder (le XI d'octobre 1641) fut dénommé à sa place, à la surintendance des biens des Récollets, sire Simon Le Boucq lequel estoit lors lieutenant du dit Valentienne et depuis prévost ».[3]

(1) S. Le Boucq, *Mélanges*, (t. IV, p. 161, v.)

(2) Pour donner un exemple du courage qu'il déploya, empruntons-lui quelques lignes « Au moment, dit-il, où ung malaprins (il s'appelloit Daniel Hayez, chappelier) alloit descharger sa mousquet, dont je jectay ma main sur le chiméau, non sans grand péril d'avoir la main emportée, mais jamais ne m'esbranlay en rien, ains (mais) au contraire mestant mon espoir en Dieu, en très grand péril de ma vie». (S. Le Boucq, *Mélanges*).

(3) *Hist. ecclésiastique* (Ch. LX, p. 125). Les archiducs par lettres patentes du 10 mars 1610, lettres citées par notre historien (p. 128,) avaient cédé ces biens à la ville, après la réforme du couvent St-François.

Le premier septembre 1643, il signe en qualité de juré de Cattel et d'homme de fief de Hainaut, l'accord entre l'abbé de Saint-Saulve et les dames de l'Hôtel-Dieu, touchant le droit de ces dernières de se faire inhumer dans la chapelle de leur maison.

Il ne restait plus à Simon Le Boucq qu'un échelon à gravir pour arriver au faîte des honneurs. C'est alors qu'il est nommé prévôt de Valenciennes pour l'année 1644; il avait cinquante-trois ans. A la fin de cette même année, le 12 décembre, un différend s'étant élevé entre le conseiller pensionnaire Lemoine et le greffier Pamart, tous deux membres du Magistrat, il est désigné comme arbitre amiable.(1)

Le 13 août 1645 on installe une nouvelle cloche à l'abbaye de Saint Jean, Simon Le Boucq est choisi pour en être le parrain. Il donne à sa filleule les noms de *Marie-Valentienne*, unissant ainsi les noms de la protectrice et de la protégée, la Vierge à qui il avait voué une dévotion particulière, et sa ville natale qu'il aimait tant. Lui-même nous parle de cet événement de la façon suivante :

« En l'an 1645, la grosse cloche de sa maison estant cassé il (Messire Loys le Mercher, abbé) la feit refondre et la nouvelle fut bénite par lui-mesme, au jardin de sa maison, le dimence, treizième jour d'aoust dudit an. Y assistant le Magistrat en corps et qui furent aussi parin d'icelle, au nom de la ville, estant icelle appelé Valentinienne. Le

(1) Cette querelle est longuement traitée dans son manuscrit intitulé « *Réglements touchant la ville de Valenciennes.* »

Conseil particulier tenu le quatorze dudit mois d'aoust et cinq septembre dudit an, ordonna au dit prélat pour mémoire de ceci la somme de 420 livres tournois, avecq laquelle il achepta une sallière d'argent, par desur d'icelle y avoit une cloche aussy d'argent sur laquelle y avoit gravée : MARIA VALENTINIANA BENEDICTA 13ª AUGUSTI 1645 PATRINIS, S. P. Q. VALENTIANO PRÆFECTO. D. SIMONE LE BOUCQ.[1]

On lit à la date du 7 septembre de la même année, *Registre des Choses communes* :

« Messieurs du Magistrat de la ville de Vallentienne, ont estably mre (maître) de la bonne Maison de l'Hostellerie, sire Simon Le Boucq, à ce jour Prévost de ladite ville, pour le terme de trois ans, au lieu de Monsieur de la Balghe, le terme duquel estant écheue au regard dudit office le jour dessus dit ».[2]

En l'an 1647, ses qualités d'administrateur prudent et sage le font nommer prévôt pour la seconde fois. Il profite de ce passage momentané aux honneurs pour apporter de nombreuses réformes dans les établissements publics de bienfaisance et les enrichir d'ordonnances et de réglements remarquables.

Depuis fort longtemps déjà, la famille des Le Boucq avait obtenu le privilége de se faire enterrer

(1) S. Le Boucq, *Histoire Ecclésiastique*. (Ch. [XI, p. 37). — Nous voyons également à propos de cette cloche que le 2 août « elle fut refondite par Mre Jacques Pertry, à la fonderie du roy, en Vallentiennes, et sonna pour la première fois le 19 dudit mois et an. » *Construction première de Valentienne*. (p. 511).

(2) *Registre des Choses communes* (1636-1648) Ms 513, p. 258.

dans la chapelle de Saint-Luc, derrière le chœur de Notre-Dame-la-Grande.(1) Mais cette sépulture, de fondation très ancienne, avait besoin de nombreuses réparations. Le 2 septembre de cette même année 1647, Simon Le Boucq fait refaire à ses frais le tombeau de Jacques Le Boucq, son oncle, héraut d'armes de Charles-Quint et de Philippe II, lieutenant de la Toison d'Or, mort le 2 mai 1573. Outre la nouvelle épitaphe qu'il lui composa, il fit graver l'inscription suivante :

SIMON LE BOUCQ VALENTIANARUM PRŒFECTUS
HOC PATRUI SUI EPITAPHIUM INSTAURAVIT
ANNO M.DC.XLUII.

Le premier décembre suivant, il fait décréter par le Magistrat, un nouveau réglement pour la bonne Maison des Chartriers.(2)

Au commencement de 1648, dans le cours des cérémonies observées à la publication de la paix avec les États des Provinces-Unies, on alluma, pour lui faire honneur, un grand feu de joie devant sa porte.(3)

Comme toujours, en quittant ses fonctions, notre

(1) Philippe Le Boucq, neveu de Simon Le Boucq, baptisé le 13 juillet 1620, fit décorer la chapelle St-Luc, derrière le grand autel du chœur de Notre-Dame la Grande. Il y plaça une table d'autel en marbre avec deux statues représentant St-Simon et St-Luc, et fit également repaver la chapelle. Il donna encore une chasse d'argent renfermant les reliques de St-Philippe de Néri. (A. Le Boucq de Ternas, ouv. cité p. 278. Pour plus de détails, voir S. Le Boucq, *Histoire ecclésiastique*, ch. IX. p. 30).

(2) *Hist. ecclésiastique*, (ch. C. p. 211).

(3) « Et devant la maison de sire S. Le Boucq, prevost, ung feu de cincq tonnes de terque (goudron). » Ms 513, *Choses Communes*, (1616-1651), p. 113.

prévôt se fit regretter. Aussi pour témoigner de ce regret, décida-t-on de lui donner l'attestation suivante :

Certificat donné à Simon LE BOUCQ, *par les Prevost, Jurés et Eschevins de Valenciennes, le 20 febvrier 1649.*

Nous, Prevost, Jurez et Eschevins de la ville de Valentienne: certifions à tous ceulx qu'il appertiendra que Sire Simon LE BOUCQ, passez trente ans, at continuellement esté en charge en ceste dicte ville, et y eu les offices plus honnorables jusque là que d'avoir esté par deux fois prévost d'icelle, qui est la première et plus éminente, et en laquelle ne s'admectent ordinairement que des personnes tenu et reputé pour nobles, qui tous après estre parvenu audit degré prendent le tiltre de sire pour marcque de ladite dignité: de plus affirmons qu'iceluy sire Simon LE BOUCQ, oultre cela, possède encore les principalles charges de ladicte ville, si comme la surintendance des artilleries et munitions de guerre d'icelle; la surintendance de la bonne maison de l'hostellerie du chasteau Saint-Jehan, la surintendance des biens qui furent ci-devant appartenans aux RR. PP. Cordeliers, cedez à ceste ville par feu le serenissisme Archiduc Albert, et touttes icelles (*ad vitam*) : si at encore la surintendance de tous les ouvrages et fortifications de ladicte ville, comme aussy est auditeur de tous les comptes d'icelle et signateur des ordonnances du Conseil de ladicte ville de Valentienne, touttes lesquelles charges sont distinctes et séparez et ne se donnent ordinairement qu'à ceulx aians esté Prevost, affirmant qu'iceluy Sire Simon LE BOUCQ at obtenu touttes ces charges pour les grands services qu'il at rendu tant à sa Majesté, qu'à ceste dicte ville. En tesmoignage de quoy lui avons accordé ceste auxquelles pour approbation de vérité avons faict appendre le scel aux causes d'icelle ville, et la faict signer par nostre premier conseiller pentionnaire, ce vingtiesme jour de febvrier an mille six cens quarante-noef.[1]

Signé : De Rans.

Nous trouvons une autre trace de son passage aux affaires et à la maîtrise de la bonne Maison de l'Hôtellerie dans les *Registres des Choses communes :*

« Messieurs les Lieutenant, Prevost, Jurez et Eschevins de la ville de Vallentienne ayans veuz la requeste à eux présentée de la parte de Sire Franchois de Dixmude, Escuyer, Seigneur de la Balghe, à ce jour prevost d'icelle ville, de Sire Simon Le Boucq, anchien prevost de ladite ville, en qualité de surintendants et maistres de la bonne Maison de l'Hostellerie y ayans deposez que suivant les anchiennes ordonnances d'icelle bonne Maison, l'on ne doit donner, ny distribuer les pains et prébendes qu'à pauvres gens natifs d'icelle ville, etc. Le vingt septiesme de novembre 1649.[2]

Cette même année le roi d'Espagne, à bout de ressources, résolut de se défaire de son magnifique palais de la Salle-le-Comte à Valenciennes. La ville consentit à s'en rendre acquéreur, députant « ..Sire Simon Le Boucq, prévost ; sire Franchois

(1) Original sur parchemin, le scel de la ville de Valenciennes, bien conservé. (A. Le Boucq de Ternas, p. 311).

(2) Ms 513 (1616-1651) p. 221, v.

de Dixmude, ancien prévost et Maître Jacques de Rans, premier conseiller pentionnaire »[1], pour aller négocier cet achat à Bruxelles. Ce fut Simon Le Boucq qui se chargea de rédiger les notes et mémoires que comportait une si importante affaire qui se termina par l'acquisition au profit de la ville, de la Salle-le-Comte avec toutes ses dépendances, au prix de 330000 florins.

En 1651, Le Boucq est nommé prévôt pour la troisième fois et figure de nouveau sur les registres officiels comme maître et surintendant de la bonne Maison de l'Hôtellerie, en même temps qu'il reçoit des lettres d'annoblissement ainsi conçues :

Du registre des Chartres commenchant en juillet 1651, tenu et reposant en la Chambre des Comptes du Roi à Lille, at esté extrait f° 32, ce qui s'ensuit :

Annoblissement de Simon Le Boucq.
Prévost de la ville de Valenciennes, et sa postérité.

« Philippe, par la grâce de Dieu, Roi de Castille, etc., à tous présent et avenir, qui ces présentes voiront ou lire oyront, salut. De la part de notre cher et bien aimé Simon Le Boucq, Prévost de notre ville de Valenciennes, nous a été très humblement représenté qu'il seroit descendu de prédécesseurs nobles, tant en notre pays et comté de Hainaut qu'en la dite ville, alliez du temps passé à des personnes de qualité, mais qu'à cause de la ruine dudit pays durant le règne de l'Empereur Charles cinquième, ils

(1) *Histoire ecclésiastique*, ch. CVIII, p. 271. Ce chapitre intitulé : DE LA VENTE DE LA SALLE LE COMTE FAICTE PAR SA MAJESTÉ CATHOLICQUE, AU PROFIT DU MAGISTRAT, CONSEIL ET COMMUNAULTÉ DE VALENTIENNES, donne des détails très complets.

auroient été contrainct de s'addonner au commerce, lequel feu son père, Richard Le Boucq, ayant quitté, et en l'an 1617, prétendu réhabilitation de noblesse, ses tiltres et documens seroient demeurez esgarez, durant la dite prétention au grand préjudice du remonstrant qui depuis se seroit esvertué à notre service, ayant occuppé par l'espace de trente-deux ans, continuels, les plus honorables charges de ladite ville de Valenchiennes qui ne se confèreroient qu'à des personnes de conditions, s'y comme celles de Prévost de la dite ville, et Surintendant de lartillerie et munitions de guerre, de Surintendant de la bonne Maison de l'Hostellerie du chasteau Saint-Jean, des biens appartenans cy devant aux frères mineurs de l'ordre de Saint-François, et des ouvrages de fortifications de la dite ville, et d'Auditeur des Comptes d'icelle, touttes lesquels charges il auroit deservy avec entière satisfaction, joint qu'en l'an 1638, deservant lors celle de Lieutenant Prévost, il auroit composé (apaiser, *componere lites.)* le différent qu'il y eut entre les bourgeois de la dite ville et les soldats du terce du comte de Fuensaldina, en considération de qu'oy il nous a très humblement supplié de lui accorder et à sa postérité le titre et degré de noblesse avec l'usage des armoiries que lui et ses prédecesceurs ont porté jusques ores, qui sont escartelé au premier et quatrième d'azur, à trois ruches d'or, deux et une, au second et troisième bandé d'or et d'azur de six pièces, au franc canton de gueules, chargé d'un croissant montant d'argent, sur le tout de l'écu, un écusson de gueules, à la fasce d'or, brisé en cœur d'une étoile d'azur, à une burelle viaulé en chef d'or, cimier, un heaume d'argent orné d'or, surmonté d'un boucq naissant d'argent, acorné et battu d'or, bourlet et hachemens d'or et d'azur, et sur lui faire despécher nos lettres pattentes en tel cas pertinentes, scavoir faisons que nous ces choses sus dites considérées, avons de notre certaine science authorité souveraine et grâce spéciale pour nous, nos hoirs et successeurs, au dit Simon Le Boucq, ensemble à ses enfants et postérité mâles et femelles nais et à naître en léal mariage, donné la noblesse, etc.

Donné en notre ville de Madrid, royaume de Castille, le cinquième jour du mois de juin, l'an de grâce 1651, et de notre règne le trentième.

Signé : PHILIPPE.[1]

Il était dans l'habitude, à cette époque où l'argent était très rare, et où l'on ne pouvait donner de nouveaux honneurs à ceux qui déjà les possédaient tous, de payer en nature les services plus ou moins importants rendus par tel ou tel fonctionnaire ou grand seigneur. C'est ainsi que, le 28 novembre 1652, « Le Conseil en recommaissance des grand travail (*sic*) apporté par Monsieür Le Boucq, anchien prévost de ceste ville, à l'instruction du procès du sixiesme de Haynau, intenté par ceste ville, at résolu de lui présenter une filliette de vin en cercle ».[2]

Lors de la venue du prince de Condé à Valenciennes où se trouvait sa femme, en 1654, un complot se trama pour livrer la ville à la France. Ce complot fut bientôt découvert, et le Magistrat, au Conseil du 9 septembre, appela les anciens prévôts Warlain le Balghe et Simon Le Boucq, afin d'avoir leur avis sur les mesures à prendre.[3]

(1) De Sars, *Recueil de Généalogie* (Ms 601, vol. II, p. 156).

(2) *Advenues en la ville de Valentienne*, etc. (S. Le Boucq) Ms 518, p. 100

(3) Lejeal, *La princesse de Condé à Valenciennes*, p. 21. *Advenues...* p. 184. Il sera parlé de cet évènement plus loin et d'une manière plus explicite.

Deux ans plus tard, les Maréchaux Turenne et la Ferté-Senneterre vinrent mettre le siège devant Valenciennes. Simon Le Boucq n'était plus que Conseiller pensionnaire de la ville et membre du Conseil particulier. Encore plein d'énergie et de courage, il prêche la résistance et paie en maintes occasions de sa personne et de son argent; par exemple, le 12 juillet, alors qu'il s'agissait de donner 10.000 florins aux brasseurs, Le Boucq se fait immédiatement inscrire pour la somme de 2100 florins.

Simon Le Boucq survécut peu au siège de sa chère cité. Les seules preuves authentiques que que l'on ait de la date exacte à laquelle il mourut, sont les registres de l'État-Civil d'alors, et ceux des Choses Communes, où l'on voit passer en d'autres mains les charges dont il était titulaire.[1]

Les derniers honneurs lui furent rendus par son fils, Denis Le Boucq. Celui-ci, deux ans plus tard, en 1659, fit élever à la mémoire de son père, un magnifique tombeau surmonté de son buste, dans la chapelle de Notre-Dame-la-Grande où repo-

(1) Le 1er décembre 1657, mort de Simon Le Boucq. (*Registres de l'Etat-Civil*).

Du 10 décembre 1657, Messieurs du Magistrat de ceste ville de Valentienne ont conféré au Sr Jacques Le Mesureur, leur confrère, l'office de Me (maître) Simon Le Boucq, escuyer.....

Messieurs du Magistrat ont conféré à Denis Le Boucq, escuyer, seigneur de la Mouzel, lieutenant, prévost de ceste ville, l'office des biens cedez par les RR. PP. Récollets au prouffict de ceste ville, vacant par le trespas de sire Simon Le Boucq, escuyer, anchien prévost. (*Reg. 7 des Choses communes*, p. 51-52).

Le 11 décembre, l'Intendance de l'artillerie, vacante par la mort de Simon Le Boucq a été conféré par le Conseil et Magistrat à Denis Le Boucq, son fils..... (*Recueil des Prévost de Valenciennes*, Ms non classé, p. 280)

saient, comme nous l'avons vu, les membres de la famille Le Boucq. On y lisait cette inscription :

PIÆ MEMORIÆ.

Nobilis ac generosi Domini SIMONIS LE BOUCQ (A)

CUJUS

PRUDENTIA TER HUJUS URBIS PRŒFECTUM
VIGILANTISSIMUM, (B)
ZELUS PRIVILEGIORUM EJUSDEM
DEFENSOREM ACERRIMUM
SOLERTIA ANTIQUITATUM EXQUISITOREM
EXACTISSIMUM
LABOR MULTORUM VOLUMINUM
AUTOREM EXACTISSIMUM
PIETAS OBITÛS PERPETUI FUNDATOREM
DEVOTISSIMUM.

REDDIDIT

thalami fuit socia Domina CATHARINA DEULIN, juxtà quam tumulari voluit e regione sacelli Sancti PHILIPPI NERETII. Hoc amoris monumentum superstes filius DIONYSIUS toparcha DE LA MOUZELLE, ibidem sepeliendus cum charissimâ conjugue suâ Dominâ MAGDALENA RESTAUT posuit.

BENE APPRECARE LECTOR!

1659

ROISIN CONFORTE LE BOUCQ. (1)

(A) Nati XV Kalendas. 17, junii, denati 1ª Xris 1657.
(B) Annis 1611-1617-1651.

Il fut fait aussi une second épitaphe de Simon Le Boucq, celle-là en vers français :

« Le corps de ce noble homme icy gist en dépost,
« Au bien de sa patrie ayant voué sa vie,
« Son mérite en sept ans le fist trois fois Prévost,
« Et bien aymé du peuple et loué de l'envie,
« Son zèle fust ardent pour le bien de l'Estat.
« L'estude et le travail furent tout son esbat,
« Ses livres le diront, estant mis en lumière;
« C'est là que VALENTIENNE esclate en ses exploits
« En l'amour de son prince et dans ses belles lois.
« Passant! Pour sa belle âme, ici fais ta prière. »

(1) Devise de Le Boucq, renfermant une allusion à la propension que les boucs ont à manger les pampres et bourgeons de vigne. (DINAUX).

II

L'HOMME AU PHYSIQUE ET AU MORAL
L'ÉCRIVAIN.

Au physique, Simon Le Boucq était loin d'être un homme séduisant. Qui n'a du reste en mémoire la face ronde, le nez épaté du bon prévôt, et aussi la mèche de cheveux rebelle, qui se dresse au-dessus de son front dénudé? Ce portrait a été maintes fois reproduit par la sculpture ou la gravure, mais sans changements importants.

L'original qui a servi de type aux reproductions postérieures, est le buste placé au-dessus du tombeau de Simon Le Boucq, dans l'église de Notre-Dame-la-Grande. Ce buste en marbre, de 0m50, est généralement attribué à Pierre Schleiff,(1) né à Valenciennes à une date encore inconnue et mort le 14 août 1641. On connaît très peu de choses sur ce P. Schleiff. Il était, paraît-il, architecte en même temps que sculpteur. C'est lui qui fit le portail de la chapelle des Carmes-Déchaussés, lieu

(1) Voir tous les catalogues du musée.

de sa sépulture. Les bas-reliefs en bois provenant de l'abbaye de Vicoigne, représentant l'histoire de Saint-Norbert, qui ornent maintenant le chœur de l'église St-Géry, sont également son ouvrage.

M. Dinaux, dans sa notice biographique, ne partage pas l'avis général au sujet de ce buste. Il croit au contraire que c'est là une fausse attribu-ttion, sous le prétexte que P. Schleiff était mort le 14 août 1641, c'est-à-dire seize ans avant Simon Le Boucq, et dix-huit ans avant l'érection de son mausolée... Il faudrait admettre que Le Boucq se serait occupé de son tombeau vingt ans avant sa mort, ce qui est peu probable, ajoute-t-il. Ceci n'est pas une preuve ! car il peut très bien se faire et c'est ce qui a dû avoir lieu, que Simon Le Boucq fit exécuter son buste par Schleiff pour en orner son salon. Mais plus tard, lorsqu'il mourut, ses proches crurent accomplir un devoir en prenant ce buste d'une fidèle ressemblance, pour en couronner son tombeau.

Nous citerons encore un médaillon en plâtre, œuvre d'Auvray, reproduit en bronze dans la galerie des personnages historiques qui entourent la statue de Froissart; son portrait gravé à l'eau-forte par Momal, en tête de plusieurs ouvrages, entre autres le *Bref Recueil des Antiquitez*, les *Recherches sur le Théâtre de Valenciennes* et la *Biographie* d'Hécart, l'*Histoire Ecclésiastique*, où se trouve également son portrait en pied, lithographié d'après une statuette de Grandfils.

Simon Le Boucq se distinguait par des qualités morales qui méritent d'être appréciées. Nous avons vu quel respect et quel amour filial il montra toujours pour sa ville natale, comment durant sa vie entière, il fut citoyen vertueux et magistrat intègre. Sa renommée de justice et de lumière était si grande, que bien des différends se terminèrent grâce à ses sentences équitables.

Vers la fin de sa vie, cependant, il eut une légère défaillance. Quand le Magistrat fut annobli pour sa courageuse conduite durant le siège, Simon Le Boucq se montra froissé dans son orgueil de patricien, et manifesta ouvertement son mécontentement. C'est là une des rares taches, on peut même dire la seule, qui, sans en altérer la pureté, ressort dans cette vie toute d'honneur et de travail.

Comme écrivain, Simon Le Boucq possède la qualité nécessaire à tout chroniqueur ou historien. Il est d'une exactitude exemplaire, trop exemplaire même parfois, car il tombe alors dans la minutie exagérée, et encore déclare-t-il naïvement après avoir tout dit, qu'il a omis tel ou tel détail, « par crainte de fatiguer le lecteur », « pour abréger ». Malheureusement, Simon Le Boucq ne savait pas sa langue, et les règles grammaticales lui demeurèrent toujours inconnues. Mais Paris, où Corneille était alors dans tout l'éclat de sa gloire, se trouvait si éloigné du pauvre provincial, qu'on peut lui pardonner certaines expressions tirées du patois, expressions qui ajoutent même parfois à l'originalité de ses écrits.

Du reste lui-même savait s'apprécier comme il le devait, et faisait preuve d'une extrême modestie qui appelle notre indulgence. Ne dit-il pas dans la préface de ses *Antiquitez* en s'adressant à ses lecteurs, qu'il les supplie :

« de vouloir bien supporter l'infirmité de son esprit..... attendu qu'il a plus travaillé à dire la vérité qu'à tascher de parler ung langage polye et orné et par ce moïen faire pir que mieulx; advertissant bien qu'en plusieurs lieux il n'a voulu transmuer le langage anticque et pour lors usité affin de monstrer la vérité des Autheurs de qui il l'a tirée, et qu'il fault lire patiemment et accepter sans risés voiant par là, que toutes choses aiant leur temps et décadence se viennent à changer...

I

OUVRAGES PUBLIÉS PAR SIMON LE BOUCQ

1. *BREF RECVEIL DES ANTIQVITEZ DE VALENTIENNE*
où est représenté ce qui s'est passé de remarquable en ladiste Ville et Seigneurie, depuis sa fondation iusques à l'an 1619. — par S. L. B.
A Valentienne, de l'Imprimerie de JEAN VERVLIET, *à la Bible d'Or*, L'AN M.DC.XIX.

Le manuscrit autographe de Simon Le Boucq, petit in-f° de 25 feuilles, qui servit à la première impression, existait il y a une trentaine d'années dans la bibliothèque de M. A. Dinaux.[1] Il porte le n° 1940 de la troisième partie du catalogue de sa vente, et se trouve actuellement en la possesion de Mme Vve de Saint Ouen.

Plusieurs écrivains, et c'est là une erreur, ont avancé sur la foi de Foppens,[2] qu'une réimpres-

(1) Voir : Le Glay, *Bibliothèques du Nord*, p. 263. - Dinaux, *Notice sur S. Le Boucq*, p. 18.

(2) Foppens, *Bibliotheca Belgica*, p. 1099. - Ch. du Rozoir, *Notice sur les Historiens de Flandres*, p. 95. — Potier, *Catalogue du Musée de Valenciennes*, p. 141.

sion plus étendue de cet ouvrage avait été faite à Lille en 1688; ils ont confondu l'œuvre de Simon Le Boucq avec celle de Des Pretz, publiée effectivement à Lille, chez B. Lefranc, in-4° de 125 pages, dédiée à M. de Magalotti, premier gouverneur français de Valenciennes. Au commencement de notre siècle, l'ouvrage de Simon Le Boucq était devenu si rare, qu'en 1842, Dinaux eut l'idée de le publier à nouveau dans ses *Archives du Nord*, (T. 10), et d'en faire également un tirage à part.

Outre une savante notice suivie d'un glossaire, on trouve dans cette dernière réimpression une vue générale de Valenciennes, d'après un ancien tableau du musée de cette ville, et un portrait de Simon Le Boucq gravé à l'eau-forte d'après Momal.(1)

Simon Le Boucq semble avoir publié son ouvrage peu de temps après l'avoir terminé, car il pousse le récit des évènements jusqu'en juin 1619, et l'approbation est ainsi libellée : « *Veu et approuvé par Maistre* GILLE LE DVC, *Pasteur du Béghinaige en Valentienne, commis à la visite des Livres. Ce 25 de Septembre 1619* ».

Pour mieux faire connaître en quelles circonstances et dans quel but Simon Le Boucq entreprit et mena à bonne fin ce travail, laissons-lui un instant la parole :

« La nouvelle inclination (Amy Lecteur) que ie porte à la Ville de Valentienne lieu de ma naissance, m'at occasionné passez longues années, de faire les recherches non seulement

(1) L'original de ce portrait se trouvait en la possession de M. A. Prignet.

de sa primitive fondation, mais aussi de plusieurs choses remarquables qui y sont advenües, sans néant moins iamais avoir prétendu de leur faire veoir le iour, tant à cause de la petitesse de mon intelligence que aultres occasions qui me retenoient; Ce nonobstant aulcuns de mes plus familiers amys estans curieux de veoir la description des Antiquitez qui se retrouvent en ladicte Ville et Seigneurie, m'ont requis de leur vouloir faire part de mon petit Labeur, ce que ne leur ay peu refuser, attendu les grandes obligations que i'ay vers iceulx. Mais ne se pouvant effectuer si tost que la désireroye bien, ay trouvé bon pour leur donner à cognoistre le zèle et affection que ie leur porte, de dresser en bref ce petit recueil, lequel contient en substance les principaux points de l'Histoire que ie leur pretend monstrer, à laquelle ils trouveront au loing contentement sur chacune article icy contenu ; comme aussi les Épitaphes des Princes et Seigneurs, qui se retrouvent ès Eglises d'icelle Ville, et plusieurs aultres belles particularitez que ie reserve pour lors: suppliant ce pendant (Amy Lecteur) de vouloir recevoir ce petit don d'aussi bon cœur que vous le présente.

Vostre

Affectionné Serviteur,

Simon Le Boucq.

II

OUVRAGES DE SIMON LE BOUCQ PUBLIÉS POSTÉRIEUREMENT

2. *HISTOIRE ECCLÉSIASTICQUE DE LA VILLE ET COMTÉ DE VALENTIENNE,*

par Sir Simon Le Boucq, Prévost. — 1650.

1 volume grand in-f° avec 53 dessins ou plans coloriés, nombreuses notes marginales.

M° 531.

Ce précieux ouvrage de Simon Le Boucq, avant d'entrer à la Bibliothèque publique, a fait partie de la collection de deux bibliophiles, les seuls qui nous soient connus jusqu'ici. Ce sont d'abord : M. Tordreau de Belleverge, amateur de l'histoire de nos contrées, avocat au Parlement et échevin de Valenciennes au siècle dernier; puis Dom Buvry, le savant archiviste[1] et le dernier prieur de St-Saulve. Nous en donnerons comme preuves les notes dont il l'a enrichi, notamment

(1) M° 959. - Recueil -- f° 12. v.

aux passages concernant son abbaye, ainsi qu'une pièce imprimée, par lui ajoutée, (lettre de l'évêque de Cambrai et d'Arras, certifiée conforme par Dom Buvry).

Il existait à Douai en 1826, une copie de ce manuscrit, appartenant à M. Bourdon de Hériès.(1)

Le frontispice du manuscrit original est magnifiquement orné et peint en couleurs voyantes; parmi les autres dessins nous citerons surtout une très jolie reproduction de l'Hôtel-de-Ville et de la Chapelle Saint-Pierre.

« L'auteur, animé par une foi vive et pure, a composé son ouvrage en conscience et l'a exécuté comme une œuvre pie, qu'il devait à ses concitoyens..» (2) Son labeur, comme toutes les grandes entreprises de son temps, est dédié en ces termes :

A LA GLORIEUSE VIERGE MÈRE DE DIEU. — *M'estant Passez Plusieurs Années. (Vierge Incomparable)*, occuppé à la recerche des fondations des lieux Pieux qui sont dans l'enclos de la Ville et Comté de Valentienne, Pour en Laisser la mémoire à la Postérité, j'en ay drесché au mieulx qu'il m'at esté Possible. Ceste HISTOIRE ECCLÉSIASTICQUE, Laquelle VIERGE SACRÉE, je vous viens offrir et dédier, comme à celle qui est la protectrice et Gouvernante, non seulement des Eglises ains aussy de l'enclos et de Tout le peuple dudict Valentienne, Et qui l'at tant aymé que de se faire paroistre visiblement à iceluy en l'an mille et huict pour les asceurer de l'amour et affection maternelle que leur portiez, En leur aiant procuré vers son cher filz N[re] Redempteur JÉSUS-CHRIST, la délivrance

(1) Hécart. - *Biographie Valenciennoise*, p. 52.

(2) Dinaux. -- Notice biographique, p. 19.

et guarison du mal contagieux qui les accabloit et portoit journellement en grand nombre au tombeau. Ce que ce peuple receut avecq ung telle contentement et joye, qu'après les actions de grâces en rendu à Dieu, ilz procurèrent ceste grande besongne et bastiment sumptueux de la principalle Eglise dedié en son saint nom qu'on dict de Nostre Dame la grande! Grande vraiement puis que ce fut en desceure du lieu de ce sacré Bastiment qu'il vous at pleu, VIERGE SACRÉE, vous faire paroistre en ung throsne magnificque, entouré d'Anges Célestes, l'un desquelz par vostre charge entoura ceste ville d'ung licéton pour tracher le chemin qu'on prenderoit pour faire la procession en action de graces de ce grand Bénéfice receu. Ce qui s'est continué avecq dévotion si grande, que plusieurs Personnes zéleuses ont à ceste imitation fondé Bastie et érigé quantité d'Eglises, Monastères, Chappelles, Hospitaux et lieux pieùx en ceste dicte ville et son pourpris, pour tenir rang et Compagnie à ceste sa grande Eglise, comme le tout se voira en ce volume, Suppliant VIERGE SACRÉE, vouloir recepvoir de bonne part ce mien labeur et avoir tousiours en sa saincte Sauvegarde cestuy qui se dict et sera à jamais,

DUDIT VALENTIENNE LE 6 DU MOIS D'AOUST 1650.

Son très humble très obligé
et dévot serviteur,
SIMON LE BOUCQ.

Cet important ouvrage contient 117 chapitres, divisés en deux parties : la première comprend ce qui a trait aux églises paroissiales, abbayes et couvents; la seconde, commençant avec le 71me chapitre, traite des établissements hospitaliers, de la Salle-le-Comte et des refuges. Le tout se termine par quelques preuves et additions qui, ainsi que nous l'avons dit, ne sont pas toutes de Simon Le Boucq, et par une table des figures.

En 1838, on songea à imprimer avec luxe ce « *Keepsake valenciennois* ». Ce fut seulement de 1841 à 1844, grâce à M. A. Dinaux, que ce projet fut mis à exécution. M. A. Prignet se chargea de l'éditer avec le concours de M. Henri Macaire, dont les dessins, il faut l'avouer, sont bien fantaisistes. Cet ouvrage parut d'abord en livraisons, puis en un volume grand in-4° de 306 pages, à deux colonnes. Le tirage fut fixé à 300 exemplaires, plus un sur peau de vélin. M. de Beaugrenier, amateur valenciennois, possède. paraît-il, un exemplaire contenant une dédicace en vers, et renfermant quelques autres différences curieuses.

Malheureusement le texte de l'*Histoire Ecclésiastique* est copié avec fantaisie, ce n'est point là, bien que le titre puisse le faire croire, une reproduction textuelle. Si l'on veut en avoir une idée, prenons par exemple les notes : Tantôt elles sont citées, le plus souvent elles sont omises, jamais elles ne sont indiquées comme étant ou n'étant pas de Simon Le Boucq ; d'autres fois elles sont intercalées dans le texte, sans être mises entre parenthèses. Rien n'indique également que les dernières lignes de certains chapitres sont de Tordreau de Belleverge, de sorte qu'on peut lire, par exemple, page 207, « le 14 febvrier 1661, etc. » Or Simon Le Boucq est mort en 1657. A un autre endroit, on a omis dix pages[1] formant la description d'une planche représentant 18 figures, prises dans les grottes de Rome; des chartes latines sont écourtées, etc., etc.[2]

---

3. *VÉRITABLE DÉCLARATION DE LA GUERRE*
que Jehan d'Avesnes, comte de Haynau suscita
contre sa ville et comté de Valentienne,
et de l'accord et paix ensuivie.
recueillé par Sire Simon Le Boucq,
prévost dudict Valentienne. — 1648.

Cet ouvrage a été publié en 1846, par les éditeurs de la Société des *Bibliophiles Belges*, siégeant à Mons, sous la direction de M. Lacroix, archiviste.[3]

M. Defuisseaux avait communiqué à cette Société une copie « tirée sur » *(sic)* un manuscrit de la Bibliothèque royale de Paris. Au moment de faire usage de la copie, M. le Baron de Reiffenberg, à la demande de M. Chalon, voulut bien renoncer à se servir de l'autographe de cette même histoire, pour le laisser publier par la Société des *Bibliophiles Belges*, de Bruxelles. Cet ouvrage devait faire partie du tome III des *Monuments du Hainaut*. La confrontation des deux textes fit

(1) Page 11 de l'imprimé.

(2) Nous nous réservons de donner dans la suite une liste complète de ces omissions.

(3) Grand in-8° de 228 pages, tiré à 300 exemplaires.

voir combien celui de Paris était fautif, et c'est sur l'original que l'impression a été faite.

Le manuscrit conservé à la bibliothèque de Mons, n° 230, porte la date de 1648; c'est un petit in-4° de 51 feuilles. Voici ce qu'en dit Dinaux : « Cet épisode intéressant de l'histoire de Valenciennes et de la province de Hainaut, se rapporte aux années 1280-1287. Un manuscrit de cette chronique appartenait à M. Leclerqz, amateur de Bruxelles;[1] Hécart aîné en avait fait une copie. »

Simon Le Boucq dédie son « petit volume » au peuple valenciennois, tout en espérant qu'il le trouvera « grand en substance » pour lui rappeler:

> « la générosité de ses fameux prédécesseurs, lesquelz pour le maintenement de leurs privilèges et libertez n'ont espargné sang ny moyens, aiant pour ce subiect sousteuu une guerre furieuse l'espace de six ans contre leur prince naturel, et jusques à ce qu'il leur donna ascurance de les maintenir comme il leur avoit prommis à son inauguration et que ses très-augustes prédécesseurs avoient tousiours faictz.... Au surplus je croys, ajoute-t-il, qu'aurez ung contentement de veoir rabatu et anéantie la principalle pièce de batterie que les *Haynnuiers*, nos communs adversaires, posent tousiours contre vostre *Estat* pour la dire et la penser faire paroistre estre de leur province, qui est une sentence de l'Empereur Rodolphe, obtenu en l'an 1291, par le comte Jehan d'Avesnes, au commencement de ceste guerre, sans cognoissance de cause, ny avoir ouy partie;

(1) Jean-Baptiste Leclerqz, antiquaire et bibliophile distingué, naquit à Mons, le 23 mars 1761, et mourut en cette ville le 8 décembre 1820. On ne peut donc lui donner le titre d'amateur de Bruxelles.

aussi sa révocation fut rendu risible, puisque n'aiant porté aulcun coup, le susdict Comte par la paix revocqua tout ce entièrement qu'il avoit obtenu par icelle. Comme vous voyrez plus amplement en son lieu. Aiant prins la curiosité de drescher cette histoire sur les tiltres et muniments auctenticques qu'ay rencontré en voz archives, affin de faire veoir la vérité et rabattre divers autheurs qui ont escript de ceste guerre à tattons et sans avoir trouvé la vraye source.... »

Après cette dédicace, Simon Le Boucq donne la liste des auteurs qui, à sa connaissance, ont écrit sur le même sujet :

AUTHEURS QUI ONT ESCRIPT DE CESTE GUERRE :

Plusieurs anciens manuscripts, les aulcuns escript du temps que ladicte guerre régnoit ;

LOYS DE LA FONTAINE, Sr de Salmonsart, en son second volume des *Antiquitez de Valentiennes*, chapitre VIII jusques et inclu le XVIme.

D'OUDEGHEERST, en ses *Annalles de Flandres*, chapitre CXXXI, folio 214.

D'OULTREMAN, en ses *Annalles de Valentiennes*, libvre second, chapitre VI, folio 147 et suivans.

FRANCHOIS VINCHANT, en ses *Annalles de Haynau*, chapitre XXIX et XXX, folio 299 et 303.

4. *TROUBLES DE LA VILLE DE VALENCIENNES par les Huguenots et punition de plusieurs.* (1)

Manuscrit 539 bis, in-8°

Au f° I, on lit : *Extraict des Registres reposant en la maison Escherinalle de la ville de Valentienne.*

Cet ouvrage traite des exécutions ordonnées par le duc d'Albe, de 1579 à 1585, époque à la fois fameuse et fatale pour la ville de Valenciennes.

Ce manuscrit, que l'on a cru jusqu'ici inédit, a été publié sous le nom d'un autre, et voici comment. Il existe un manuscrit de J. Doudelet,(2) qui a pour titre : *Histoire particulière des troubles advenues en la ville de Valentiennes à cause des hérésies, depuis l'an XV^{c}.LXIJ, iusques à l'an XV^{c} et soixante dix noef.*

Celui de Simon Le Boucq fait exactement suite au précédent et mène les évènements jusqu'au 6 mars 1585 inclus.

Or, en 1864 paraissait dans la collection des « *Mémoires relatifs à la Belgique* », l'*Histoire des troubles advenues à Valenciennes, à cause des hérésies*, 1562-1579, par Pierre-Joseph Le Boucq, publiée avec notice et annotations par M. de Robaulx de Soumoy.

Après une patiente collation, nous nous sommes rendu compte que M. de Robaulx de Soumoy,

(1) Ce titre est de Dom Buvry.

(2) M^{s} 539 de la Bibliothèque publique.

à qui l'on peut donner après cela le titre « d'éditeur sans le savoir », avait publié, avec un nombre incalculable de fautes, d'abord l'ouvrage de J. Doudelet qui va jusqu'en 1579, puis celui de Simon Le Boucq,[1] le tout sous le nom de Pierre Le Boucq, qui peut-être n'avait fait que recopier les ouvrages de ces deux auteurs.[2]

Ce récit des troubles est suivi de la magnifique entrée de leurs Altesses Albert et Isabelle, en l'an 1600, mais d'une autre main.

(1) Page 152 à 167 de l'imprimé.

(2) On trouve quelques additions de P. Le Boucq p. 167 à 172

III

OUVRAGES DEMEURÉS INÉDITS

5. *ANNALLES DE LA VILLE DE VALLENCHIENNES dedans lesqvelles sont representez les plvs signalles advenues tant en ladicte ville que dans son banlieuwe, le tovt recœillé des plus assevrez Mémoires d'icelle ville, par Simon Le Boucq en l'an 1615.* — Tome premier

(Manuscrit 530, in-f°)

Ce manuscrit qui semble n'avoir jamais eu qu'un volume, puisque Simon Le Boucq, dans le catalogue de ses ouvrages, l'indique comme étant seul, fit un moment partie de la bibliothèque de Dom Buvry. Outre le témoignage de M. Dinaux, nous en avons comme autre preuve, le mot Saint-Saulve, ainsi qu'une note de la main de cet abbé. Avant d'entrer à la Bibliothèque publique, ce manuscrit passa chez M. Hécart cadet (1816), qui prétend bien à tort, selon nous, avoir vu un second volume de ces Annales, mais en brouillon.

Cet ouvrage doit-être considéré comme une

première épreuve, un essai imparfait de l'histoire civile.

Il débute par cet avis au lecteur :

AU LECTEUR

Je te donne (amy lecteur) dans ce Livre les choses plus remarquables et advenus en la ville de Vallenchiennes depuis la fondation d'icelle, ne te donnant point des loings discours ainsy, que tu vois aux anciens autheurs grecx et latins, mais te donnant simplement et le plus véritable qu'ay peu recouvrer des anciens livres et papiers d'icelle ville. Mais avant entrer plus avant au susdites advenues, je te désire monstrer plusieurs causes et Raisons par lesquelz appert que icelle ville de Vallenchiennes est une seule et singulière et espécial Seignoriez à part soy non extraict ne partie de la Comté de Haynault ne subiect à iceluy, et n'est que pure voisine audict pays...... (*développement de cette idée*) .... et passant oultre vous recommanderay à la garde du seigneur,

De Vallenciennes ce dix-septiesme de jullet a° seize cens et quinze.

Simon Le Boucq.

Plus tard, Simon Le Boucq écrivit au verso du titre la note suivante :

AU LECTEUR

Aiant dresché ce volume, j'ay trouvé qu'il y avoit de la grande erreur aux Annalles de Haynau imprimé lesquelles j'avoye ensuivies en plusieurs endroictz de motz à aultre jusques environ l'an 1233. Combien que la faulte ne procède de l'autheur ains de l'imprimeur, cause qu'il m'at falu redrescher le tout, et faire une aultre d'escription prinse de papiers la plus part auctenticques et vieux tiltres. Mais come cestuy-cy estoit jà escript, j'ai trouvé bon le laisser en estre (encoire qu'avoye esté diverses fois d'opinion de le mectre hors la veue des personnes), suppliant le lecteur y vouloir prendre tel contentement qu'il trouvera convenir, veuillant bien advertire que la pluspart du contenu est véritable, et où que je trouveroy où trouveray y avoir de la doubte je y apposeray qu'elque mot *in margine* à celle fin de la donner à cognaistre.

SIMON LE BOUCQ.

---

6. *RECUEIL DES PRÉVOT, JURÉS & ECHEVINS DE LA VILLE DE VALENCIENNES ainsy qu'ils ont été renouvellé chacun an, depuis l'an mil trois cens et quinze, poursuivant d'an en an. Escript par Simon Le Boucq en l'an 1616.* (in-f°).

Cet ouvrage que Simon Le Boucq indique comme faisant partie de sa bibliothèque, a appartenu dans la suite à M. Tordreau de Belleverge, mais on a depuis perdu sa trace. Dans la suite, on fit plusieurs recueils du même genre. On cite celui de Pittepan de Montauban, prévôt de Valenciennes, qui va jusqu'en 1642, lequel fut continué par un chanoine de Cambrai, l'abbé Mutte, jusqu'en 1659, et mené enfin de cette époque à la Révolution Française, par Boulé.

Les treize premiers feuillets de la copie de la bibliothèque de Valenciennes renferment un avertissement au lecteur commençant en ces termes : « Avant entrer a notre petit labeur », puis suit « l'Etat temporel de la ville de Valenciennes »[1], assez détaillé ; et enfin la lettre que Jehan d'Avesnes donna l'an 1302, et le serment que Messieurs du Magistrat prêtaient à leur avénement.

Ce recueil s'arrête au 30 novembre 1788 ; il est tenu note en marge, de quelques évènements remarquables. La bibliothèque possède également une autre magnifique copie de cet ouvrage, faite au XVIIIe siècle et qui figurait à la vente de M. Regnard, où elle a été achetée.

On lit au f° 2, la note suivante : « Cet avertissement estoit à la tête du Recueil, manuscrit faite par Simon Le Boucq, l'an 1616, lequel est entre les mains de M. Tordereau de Belleverge, sur lequel je l'ai copié de mot à autre, finit le 31 octobre 1787. »

---

7. *DESCRIPTION DES ÉGLISES*
de Notre-Dame-la-Grande et de l'abbaye de Saint-Jean
en Valentienne,
avec les Épitaphes qui se retrouvent en icelles.
Recueillé par Simon Le Boucq, escuyer. — 1616. (in-f°).

On ignore ce qu'a pu devenir ce manuscrit qui a du être reproduit soit en partie, soit en entier,

(1) Ce document est presque textuellement cité jusqu'à la lettre de Jehan d'Avesnes, dans les *Mélanges* du même auteur (T. I, p. 82). Le titre est le suivant : *Extraict des papiers de Thiery Ghisbert, soub-pr de St-Saulve, 1606. — L'estat temporel de Valenchiennes*. Cette pièce est de la main de Jean Doudelet. On en trouve une autre copie de Le Boucq, dans le manuscrit 617, p. 61, v.

dans l'*Histoire Ecclésiastique*. Il était en la possession de M. Boulé, au commencement de ce siècle, car voici ce qu'on lit dans son « *Recueil de Notes additionnelles à l'Histoire d'H. D'Oultreman*, page 179 [1] ». « Les ouvrages et recueils cités en ces notes additionnelles, au nombre de 142, sont tous en la possession du soussigné. » Or page 178, il fait mention de l'ouvrage qui nous occupe.

Il a appartenu également à M. Ducas, ainsi que nous l'apprend Le Glay dans son ouvrage sur les *Bibliothèques du Nord*, page 409.

---

8. *DIVERSES REMÈDES*

pour avecq l'assistence de notre bon Dieu estre préserve de la maladie contagieuse, extraict de divers libvres manuscripts par Simon Le Boucq, Valentiennois, en l'an 1627.

(Manuscrit 320, in-12)

La première moitié de cet ouvrage est occupée par un petit traité de médecine, la seconde donne la recette de plusieurs remèdes efficaces dans certaines maladies, ainsi, les maux de jambe, de dents, les coliques, les poireaux, etc. Après avoir lu cet ouvrage, on s'aperçoit que si Le Boucq avait quelques connaissances en histoire, il en avait en revanche très peu en médecine.

Du reste, il cite avec une touchante naïveté les

(1) Ce manuscrit non encore classé est à la Bibliothèque publique.

personnes desquelles il tient ses recettes. Citons-en quelques unes pour mémoire :

« Messire Jerosme de Piochet, chevalier, secrétaire de S. A. le prince Thomas de Savoye, 1637, au mois de novembre, y estant logé chez moy ». « Martine Bridou, recette de bonne femme ». « Le Sr de Bellain ». « Madame d'Acho, abbesse des Bénédictines réformé à Mons ». « Pour faire parfaitement bonne hydromel, venant des RR.PP. Capuchins ». « Pour faire tomber poriaux, venant de Jacq. Perdry, maître fondeur d'artillerie. »

Sur une autre page, il a consigné quatre pensées :

« On ne prend, dit l'une d'elles pleine de sens, aucun poisson dedans la mer de la Cour, quelque petit qu'il soit et plain d'arestes, que par le moyen d'un anceps (hameçon) d'or, d'après Auguste ».

---

9. *DISCOURS de la Principauté et Seigneurie de Valentienne avec preuve que de toute mémoire, elle at esté tenu et reçeu pour une province spéciale. Recueillé de plusieurs auteurs et anciens manuscrits, par Simon Le Boucq, en l'an 1628.*

Quand Valenciennes voulut envoyer des députés aux États-Généraux, elle dut prouver qu'elle en avait le droit. Un avocat, M. Perdry en fut chargé et fit grand usage de cet ouvrage de Le Boucq, qu'il augmenta et refondit entièrement. Ce travail de l'avocat Valenciennois a appartenu à M. Dinaux.

Ce dernier, dans sa notice sur S. Le Boucq, dit que l'original doit reposer à la Bibliothèque. Nous connaissons plusieurs pièces se rapportant à ce sujet : d'abord, dans le manuscrit autographe de Simon Le Boucq, intitulé : *Description touchant la Seigneurie de Valentienne, ensemble diverses Copies de privilèges, lois, etc....* (2e volume, f° I), on lit : « Discours de la Principauté et Seigneurie de Vallentiennes, prouvant comme de toutte mémoire, elle a tousiours esté tenue pour une province spéciale, où se remarquent plusieurs choses signalées, touchant ses preeminences, droictz, franchises et libertez. »

A la fin d'un autre manuscrit, également de Simon Le Boucq, (*ses Annales*), nous trouvons encore une semblable dissertation mais toute différente de la première et dont le titre se rapproche sensiblement de celui que donne Dinaux. C'est probablement ce travail qui aura servi à M. Perdry.[1]

Citons encore pour mémoire quelques ouvrages sur le même sujet :

« *Causes et raisons démonstrantes la ville de Valenciennes, n'estre du pays de Haynault, mais une seule seignourie*, par Dom Thiéry Ghisbert, sous-prieur de St-Saulve, lequel l'a copié sur L. de la Fontaine.[2]

« *Valenciennes, comté séparé du Haynaut. Moyens*

(1) La préface des *Annales*, s'occupe aussi de cette question. S. Le Boucq reproduit textuellement L. de la Fontaine (Ms 529, T. II, p. 165.)

(2) Cité par Cellier, *Commune Flamande*. (p. 60).

pour justifier que la ville de Valenciennes est un comté séparé et indépendant de la Comté d'Haynaut ».[1]

« *Vallenciennes passez plus de sept cens ans avoir estée conté, comme cy après démonstrerons estre Seigneurie particulière, non partie du Haynnaux et ce qu'en dict Eincciardin* », etc.[2]

---

10. *BREFS EXTRAITS des Chartres d'aulcuns stilz de la ville de Valentiennes qui dépendent de la halle basse 1632.*

(Manuscrit 556)

Cet ouvrage est cité par Hécart et ensuite par Dinaux sous le titre de : « *Quelques réglements de Hautelisseurs et autres.* » Il semble avoir appartenu à Dom Buvry, après avoir passé par les mains de Tordreau de Belleverge, car au folio 1 au-dessous du titre, on a gratté un mot précédé des lettres St. On peut encore reconstituer parfaitement ce mot qui est — Saulve — dont la dernière lettre est demeurée intacte. C'est donc par pure fantaisie que M. Mangeart dit que c'est là une signature de Simon Le Boucq.

Voici la nomenclature de ces extraits :

Sayteurs — du 13 apvril 1535 au 24 julet 1625.

Hautlisseurs ou Bouracheurs — du 12 janvier 1548 au au 5 août 1626 — du 5 may 1640 (note de Tordreau).

(1) *Mélanges curieux ayant trait à l'Histoire de Valenciennes*, (Ms 532 p. 101 et suivantes), presque en entier de Tordreau de Belleverge.

(2) *Copies des Privilèges, etc.*, par J. Cocquiau. (Ms 531, tome I, p. 55.)

Foulons — du 23 mars 1525 au 8 mars 1634.

Viéswariers — du 5 mars 1582 au 3 octobre 1622.

Laisniers — du xii de novembre 1594 au 2 mars 1627.

Tainturiers — du 13 apvril 1629.

Ordonnance du 30 aoûst 1633 de MM. les Prévost Mayeur et 13 hommes de la halle basse de la ville de Valenciennes. (Copie de Tordreau).

---

11. *RÉGLEMENS, Ordonnances et autres Mémoires touchant la bonne Maison de l'Hostellerie du chasteau St-Jean de Valentienne, recoeillis par S. Le Boucq, escuyer prévost de ladite ville, surintendant et maistre de la susdite bonne Maison (1651).*

On ne sait ce que cet ouvrage est devenu. C'est là une perte dont on ne doit pas s'affliger outre mesure, d'autant plus qu'il se trouve reproduit, presqu'entièrement, dans l'*Histoire Ecclésiastique*, au chapitre qui traite de l'Hostellerie.

Ce manuscrit a fait partie d'après Le Glay, de la bibliothèque de M. Ducas, membre de la Commission historique du Nord ; il aurait de plus été continué par Dom Buvry.

---

12. *MEMOIRES de la procession de la ville de Valentienne, composés par sire Simon Le Boucq, escuier ancien prévot de ladite ville, écrits en 1653.* (1)

1 volume in-4°, 52 ff.

Ce manuscrit, qui n'a pas été signalé par Dinaux, se trouve à la bibliothèque de Mons (n° 78). Il offre un très grand intérêt au point de vue de l'histoire ecclésiastique de Valenciennes, relatant avec de nombreux détails la procession du Saint-Cordon, cet acte de piété qui s'est perpétué jusqu'à nos jours.

L'ouvrage est divisé en dix chapitres :

1° Origine et première institution de la procession solemnelle.

2° De la confrarie des Royez et augmentation de la procession.

3° Préparatifs pour la procession.

4° Devoirs qui se font la veille de la procession.

5° Du jour de la procession.

6° Marche et ordre de la procession.

7° Poursuite et seconde partie de la procession.

8° Marche des confraires faisant la troisième partie de notre procession.

9° Suite des fiertres et corps SS. avecq le clergé, quatriesme et dernière partie de notre procession.

10° Des vins qu'on présente aux prélatz et aultres aians assisté à cette procession.

Suivent deux pièces concernant le couvent des

(1) Ce titre, les notes et les additions sont de Tordreau de Belleverge.

Dames nobles de Ste-Remfroy, à Denain, ainsi qu'un autre mémoire pour la procession de Valenciennes.

---

13. *ABANDON de la Mère de Miséricorde, par les Prévost, Jurez, Eschevins et Conseil particulier de la Ville de Valentienne, par l'advis de Messire Gaspar Nemius, Archevesque de Cambray et M. Jonart, esleu Evesque d'Arras.* (22 ff).

Ce manuscrit commence par ces mots :

« Après les avoir tant de fois secouru et assisté, Pour toutte Récompense ILz Mont qVICté et abandDonné. »

Ainsi que le titre l'indique, la vierge après avoir énuméré tous les bienfaits dont elle a comblé la patrie de Simon Le Boucq, se plaint de l'abandon où se trouve son culte. Comme dernier service rendu, elle cite la délivrance de Valenciennes, assiégée par les Français en 1656.

Ce manuscrit qui n'a pas été non plus signalé par Dinaux, se trouve relié à la suite du précédent (*Mémoires de la Procession*). C'est vraisemblablement l'avant-dernier ouvrage de l'auteur, car on y trouve une pièce du 8 août 1657, près de quatre mois avant sa mort.

14. *J.H.S. Maria - ADVENUES en la ville de Valentienne et es environs, depuis le XX jour de novembre 1651. — Compris le 8 de septembre 1657.*
Suivies du Siège mémorable de Valenciennes par les ennemis François, ensemble leur déroute devant ycelle par Le généreux Prince Dom Juan d'Autriche, et le Magistrat de Valenciennes annoblie avec leurs noms et qualités.(1)

(Manuscrit 510, grand in-8°)

Simon Le Boucq, dans le catalogue des livres de sa bibliothèque (f° 4 v.), cite deux autres mémoriaux dont cet ouvrage n'est que la suite, le premier s'étendait de l'année « 1612, jusqu'au 15 may includ », le second de « 1642 à 1650 includ ». On n'a pu jusqu'ici retrouver la trace de ces deux manuscrits.

Les *Advenues* (1651-1657) furent, comme le dit Dinaux, « le chant du cygne de Simon Le Boucq», car le récit des évènements est poussé jusqu'au 8 septembre 1657, jour de la fête patronale de Valenciennes, et l'auteur mourait le 1er décembre de la même année.

Cet ouvrage donne le récit très détaillé jour par jour des évènements qui survinrent pendant ces six années. Sans cesse mêlé à toutes les affaires de Valenciennes, Simon Le Boucq les note avec le soin scrupuleux et l'exactitude qu'on lui connait. La partie la plus intéressante de cet ouvrage, est sans contredit le récit minutieusement détaillé

(1) La première partie de ce titre est due à Simon Le Boucq. A partir du mot : Compris jusqu'à suivies, c'est l'écriture de Tordreau de Belleverge, la fin est de dom Buvry.

du siége de Valenciennes par les Français en 1656. C'est ce document précieux que nous publions ci-après. A la fin du volume on trouve quelques pages d'additions dues à M. Tordreau de Belleverge, où sont mentionnés les faits accomplis jusqu'au 13 juillet 1661.

Outre M. Tordreau de Belleverge, nous citerons comme possesseurs connus de cet ouvrage, Dom Buvry, l'abbé collectionneur de St-Saulve, nous n'en voulons pour preuves, que les notes par lui ajoutées, surtout aux passages où il est question de son abbaye. Il passa ensuite entre les mains de M. Hécart cadet, et de là à la Bibliothèque publique où il repose actuellement.

---

15. *ANTIQUITEZ et Mémoires de la Très-renommé et Très-fameuse ville et comté de Valentienne. Avecq les Généalogies, ordre et suite de ses Comtes et Seigneurs, Ensemble la fondation des Eglises et lieux Pieux de ladite ville. Par sire Simon Le Boucq, Escuier, Prevost dudict Valentienne.* (2 vol. in-f°, manuscrit non classé).

Nous ne parlerons de ce manuscrit que d'après une copie faite sur l'original, qui, par une ironie du sort, repose à la bibliothèque de Cambrai.[1]

(1) Le Glay. Catalogue des *Manuscrits* de la Bibliothèque de Cambray, n° 1013.

Il existe une autre copie[1] en trois volumes de ce manuscrit, prise par Jean-Jacques de Chermont du Poncet, écuyer, capitaine du génie à Valenciennes en 1778. Les deux premiers tomes sont en entier de sa main, le troisième contenant la seconde partie de l'original, est d'une autre écriture qui serait, paraît-il, celle de Dom Buvry. Cette copie du XVIIIe siècle a appartenu successivement à MM. Menu, juge de paix, Auguste Dubois et Mabille, notaires, et enfin à M. Marmottan. Cet amateur distingué d'antiquités valenciennoises, a l'intention paraît-il, de publier cette histoire civile de notre cité, ce qui serait le monument le plus important et le plus utile élevé par les lettres à la gloire de Valenciennes. Nous espérons que tous les vrais valenciennois, et surtout les membres de notre municipalité lui viendront en aide, prenant exemple en cela, sur les édiles du XVIe siècle, qui encouragèrent D'Oultreman à publier la seule histoire de notre ville que nous possédions jusqu'ici.

Simon Le Boucq travailla la plus grande partie de sa vie à ces *Antiquitez* que la mort ne lui permit pas d'achever. Déjà en 1619, lors de la publication de son *Bref Recueil,* il écrivait :

« Voilà ce que jusques à présent ay trouvé de remar-

(1) D'après Le Boucq de Ternas, il existe encore une autre copie « Mon cousin, le baron de Mandell d'Ecosse, possède dit-il, une copie d'un manuscrit de Simon Le Boucq, intitulé *Antiqvitez*, etc... faite par Pierre-Joseph Le Boucq qui y a mis la note suivante : « Ledit livre ayant esté tiré et contre-escript de mot à mot sur l'original dudit auteur par Pierre Le Boucq, escuyer, seigneur de Camcourgeau, l'an mille six cent quatre vingt sept. » Notice sur P. Le Boucq, p. XI, en tête de l'*Histoire des troubles*, attribuée à cet auteur.

quable, suppliant le lecteur ne vouloir prendre en mal part si j'ay le tout passé si en bref, car j'espère de leur donner tout contentement en l'HISTOIRE PRINCIPALLE, laquelle (moyennant la grâce de Dieu), j'acheveray plus tost qu'il me sera possible. »

En 1639 cette histoire des Antiquitez de Valenciennes était déjà très avancée, quand le jésuite Ph. D'Oultreman, à qui son père Henri avait légué son manuscrit de l'*Histoire de Valenciennes*, devança Simon Le Boucq, et fit paraître son ouvrage à Douai en 1539, chez la veuve Marc Wyon.

TOME I, 297 ff. f° 3, prologue dont nous allons citer quelques fragments :

« Comme j'ay prins ma naissance en ceste très fameuse ville de Valentienne et y continue ma demeure comme avoient faict mes prédécesseurs, j'ay avecq soing et diligence en divers temps et occasions, veu et ouy plusieurs choses rassemblé plusieurs escripts à la main et feuilleté plusieurs libvres faisant mention de ceste ville et y remarquez beaucoup de choses dignes d'estre mis en lumière ; ce qui m'at occasioné etc. (moiennant la grâce de Dieu) d'en faire une petite description. »

Ce premier volume, va depuis l'an 397 avant l'ère chrétienne jusqu'en 1470 époque où Louis XI, guerroyait dans le Hainaut.

On lit à la fin, au verso du f° 278 :

« Achevé ce premier volume des *Antiquitez de Valentienne*, par le soubsigné, le jour de St-Ignace de Loyola,

XXXI jour de Jullet de l'an 1643. Priant notre bon Dieu, Monseigneur me donner le temps pour faire le second. »

Simon Le Boucq.

Suivent, la table qui est de Simon Le Boucq; un relevé-analyse des objets traités à la fin duquel on trouve : « Valenciennes, juillet 1812, Boulé » ; une table des épitaphes et autres inscriptions, — une notice sommaire sur l'ouvrage, le tout par le même Boulé.

TOME II. — Faux titre. *Histoire de la Ville et Comté de Valentienne contenant comment icelle est venu et succédé (arrivée par héritage) à la très auguste Maison d'Austrice et de ses princes qui l'ont Gouvernée et Régye jusques à ce jour.*

Ce volume commence par le mariage de l'archiduc Maximilien d'Autriche avec Marie de Bourgogne (1473) et se continue jusqu'à la cérémonie des funérailles de Philippe II, roi d'Espagne, célébrée à Valenciennes, (1598). Là s'arrête par la mort de Simon Le Boucq, la transcription de ce second volume. Il est facile de combler la lacune qui existe entre 1598 et 1657, par les autres manuscrits que nous a laissés cet écrivain. On lit page 179 : « Ce second volume n'a pas été achevé à cause de la mort de l'auteur. »

Table des chapitres. — Relevé Analyse. — Relevé de diverses notes. — Table des Épitaphes.

Notes sur les abréviations et les habitudes calligraphiques de Simon Le Boucq.

Ces différents travaux ajoutés à l'œuvre de Le Boucq, sont encore de Boulé. [1]

---

16. *LIBVRE contenant plusieurs Coppies de Chartres et autres lettres et sermens de la ville de Valentiennes avecq plusieurs autres mémoires. - ou - Description touchant la Seigneurie de Valentienne Ensemble Diverses Copies de Previlèges, loix, Coustumes, ordonnances et Sermens, Appartenans a Icelle, Recoeillé par Simon Le Boucq.*

Ce recueil de chartes, lettres, serments, etc., qui comprend quatre volumes, dont les titres diffèrent, a passé successivement entre les mains de divers personnages, dont les noms nous sont connus. Simon Le Boucq est celui qui le premier assembla ces pièces. Outre celles qu'il copia il en réunit d'autres de la main de Jean Doudelet. Cette curieuse compilation, appartint ensuite à M. De Le Cambier, chevalier, seigneur du Humbier ainsi qu'à Tordreau de Belleverge, qui y ajouta quelques notes. « Une copie ou plutôt un extrait de tout ce qui regarde Valenciennes, a été fait en 1790 par Pierre-Albert-Joseph Boulé, né à Valenciennes, le 7 septembre 1759, lequel en composa un recueil en 3 vol. in f°, sous le titre : *Chartres, lettres, privilèges, titres de fondations et règle-*

(1) La fête de Plaisance qui se trouve dans le tome II, page 79, a été reproduite par Brassart dans les *Souvenirs de la Flandre Wallonne* (tome XI, page 41), ainsi que « l'ordre du chapelet de Notre Dame de la Sauch », Fête populaire organisée à Valenciennes par Noel Le Boucq (8 juillet 1520), dans une autre brochure tirée à 35 exemplaires.

mens concernant la ville de Valenciennes, copiés avec soin et extraits du manuscrit en 4 vol. in-f_o, écrits depuis 1620 jusqu'à 1650, par Simon Le Boucq... Cette copie inscrite sous le n° 457 dans le catalogue de Boulé, mort le 25 oct. 1804, faisait partie de la bibliothèque de M. Dupire. »

1er VOLUME -- C'est une collection de documents écrits par différentes personnes, entre autres Jean Doudelet. On y trouve comme choses curieuses : Maisons à abattre à Breuil et à Franc; l'Entrée du très illustre Prince des Espagnes à Valenciennes; Advenues en quatrains, etc.

2e VOLUME — Dans ce volume, on trouve un « Discours de la Principauté et Seigneurie de Vallentiennes, prouvant comme de toutte mémoire elle a tousiours esté tenue pour une province spéciale, etc., etc. »[1]

3e VOLUME — Il est ainsi que le suivant, presque en entier de la main de Simon Le Boucq. On lit sur le feuillet de garde : De Le Cambier, Chr, Sr Duhumbier : Ordonnances touchant les canonniers, arbalestriers et archers, etc.

4e VOLUME — On y voit : « Comment ceulx de Valentiennes sont appelez aux États-Généraulx.— Copie d'une lettre de Dom Francisco de Melle,

(1) M. Caffiaux a découvert dans le tome II de ce recueil, f° 29, un précieux document intitulé « *Cartre de la Halle aux dras* ». Il le mentionna dans son article sur Nicole de Dury. (*Mém. Soc. Ag.* 1865, tome I, page 106, note 1, p. 172, note 7.)

Cette charte fut publiée en 1867 par M. Cellier, avec traduction française en regard (id. tome II, p. 127), puis expliquée (id. tome III, p. 285).

En 1878, M. Caffiaux la publia dans les *Coutumes du Hainaut* (tome III, p. 314). Elle l'avait déjà été en 1869 par M. Wauters, *Origine de la liberté municipale*, mais avec de nombreuses fautes, d'après les *Mémoires* de J. Coquiau qui se trouvent à Mons.

aux habitants de Valentiennes, pour les maintenir en leur fidélité à cause de la déffaicte de son armée à Roucroix, icelle en date du 24 May 1643.(1) — Tumulte arrivé à Valentiennes le 3e jour d'Apvril 1638, etc. »

---

17. *MÉLANGES CURIEUX*

(Manuscrit 617, in-f°)

On lit au verso du f° I :

Le contenu de ce libvre :

Abrégé des Annalles de feu Me Jean Molinet.(2)

Cathalogue des Abbesses de Fontenelles.

Inventaire de tous les previlèges de Vallenciennes. (Ceci n'est que la copie d'une pièce de J. Doudelet).

La dure oppression que fisrent les esprits malins aux dames du Quesnoy le Comte.(3)

Aucuns recoeils du premier volume L. D. La Fontaine des Annalles de Vallenciennes.

Sixain sur chacun Comte d'Arthois.

Huitain sur les comtes de Hollande.

De la duché de Lutzembourg et des comtes et ducs qui ont régné depuis l'an 1083.

Divers alphabets indiens, hébrieux et aultres.

Descente des srs de Condé.

On peut trouver le détail de ces différentes

(1) Tome IV, f° 315. Lettre de Henri IV aux Valenciennois, 1585, publiée par M. Lejeal. (*Mémoires de la Société d'Agriculture*, tome II, p. 220).

(2) La Société d'Emulation de Cambrai avait fait le projet de publier cette pièce, quand parurent les *Mémoires de Molinet*.

(3) Cette anecdote se trouve également racontée par Chrétien Masseuw, dans son *Chronicorum multiplicis historiæ libri XX. in-fol. Antwerpiae 1540* (p. 218) Le P. Delewarde dans son « *Histoire Générale du Hainaut*, (p. 314, t. V). *Archives du Nord*. (t. V. p. 83.)

pièces dans Mangeart, *Catalogue des Manuscrits*, page 609.

---

18. *REGLEMENS touchant la ville de Valentienne.*

Ces différents règlements traitent des matières suivantes :

Des cauwes, moulins, mosniers et ventelles de la ville, l'an 1619.

Réglement des offices divins qui se doibvent faire à St-Pierre, du 16 janvier 1623.

Déclaration des haulteurs qu'avoient anciennement les molins de la ville et banlieue.

Réglement de la maison des Ladres, 26 septembre 1626.

Réglement des pentionnaires, greffiers et procureur de Valenciennes, 12 octobre 1629.

Accord entre lesdits pentionnaire et greffier civil, 12 décembre 1644.

Réglement pour les biens qui furent cy-devant appertenant aux R. P. Recolleetz, en date du 7 d'apvril 1634.

Réglement pour les munitions de ceste ville, du 22 novembre 1640.

Réglement de la cour Saint-Denis, 30 octobre 1641.

— pour le greffier des massars, 3 déc. 1642.

Déclaration des vins annuellement présentés de la part de ceste ville.

Déclaration des menues fraix qu'on paye en argent.

Sallaires qui se payent par accidens.

Chires et luminaires qu'il convient avoir pour le service de la ville.

Destribution des chandeilles de suif qu'il convient avoir pour le service de ladite ville.

Comptes que le S[r] prévost aura soing de faire rendre durant sa prévosté.

Entrez des archevesques de Cambray en Valentienne, etc.

Simon Le Boucq ne se contenta pas de recueillir et de copier ces divers réglements, mais ils lui sont dûs en partie et marquent ainsi son passage à différentes charges. Cet ouvrage renferme de nombreuses notes de Tordreau de Belleverge, et provient de la famille Nicodème, de Valenciennes, jadis alliée aux Le Boucq ; M. Dinaux dit l'avoir acheté à la mort du dernier membre de cette famille. Ce manuscrit est actuellement entre les mains de M. P. Marmottan.

---

19. *RECUEIL DES EPITAPHES*

des Eglises de Valentienne et autres lieux.

Ne connaissant ce manuscrit que par ouï dire, je laisserai la parole à M. Dinaux. « Cet intéressant ouvrage, dit-il, qui appartint jadis à M. Hécart, frère aîné de l'auteur du *Dictionnaire Rouchi*, fit ensuite partie de la bibliothèque de M. Aimé Leroy. Le même amateur possède également une belle copie de ce recueil, exécutée avec de notables augmentations par M. Hécart aîné, qui l'a enrichie de plusieurs tables commodes et précieuses. Cette copie, de format in-f[o], contient 219 pages sans les tables.

Le manuscrit original de Simon Le Boucq a

reçu plusieurs intercalations anciennes et modernes ; ces dernières sont de la main de M. SOHIER-CHOTTEAU, de Valenciennes. L'ouvrage est divisé en trois parties bien distinctes : la première, sans titre, contient les *Epitaphes des églises de Valenciennes*, et commence par les *Monumens sépulcraux en la ci-devant basilique de Notre-Dame-la-Grande*, etc., en tout 105 ff. chiffrés.

Deuxième partie : *Epitaphes de diverses abbayes situées au pays de Haynaut et ailleurs, avec la description et fondation de l'abbaye de Saint-Jean et prévosté de Nostre-Dame-la-Grande en Vallenciennes*, 30 f[os].

Troisième partie : *Epitaphes de plusieurs villes frontières du pays de Haynaut*, 42 f[os].

« Ce recueil nous paraît être un des ouvrages les plus curieux de Simon Le Boucq ; non seulement il donne les inscriptions les plus intéressantes des monuments sépulcraux de Valenciennes, mais il relate aussi celles de Condé, Douai, Mons, Halle, Bruxelles, et autres villes que l'auteur visitait, et où il a relevé lui-même, sur la tombe des morts illustres du pays, les épitaphes que leurs proches y avaient fait tracer... Le Boucq avait sans doute puisé le goût de recueillir les inscriptions tumulaires chez FRANÇOIS SWERT, d'Anvers, où il demeura dans sa jeunesse, et qui publia lui-même plusieurs recueils curieux du même genre, entre autres, des *Monumenta sepulchralia et inscriptiones publicæ privatæq. ducatûs Brabantiæ*. Antverpiae. 1613, et des *Epitaphia Joco-seria*, etc., Coloniae, 1623. »

20. *RECUEIL* (écrit en partie par Simon Le Boucq, partie par d'autres écrivains qui lui sont bien postérieurs), *sur les Eglises de Notre-Dame de Valenciennes, Crespin, Lobbes, Vaucelles, etc., etc.*

Ce manuscrit in-4° se trouve à la bibliothèque de Mons, (n° 198).

Des extraits en ont été faits pour être insérés dans les *Monuments du Hainaut* du baron de Reiffenberg.

---

21. *ANTIDOTE contre l'Abrégé et Progrès de l'abbaye de St-Jean en Valentienne*

(Manuscrit in-4°)

C'est la critique et la réfutation d'un livre imprimé à Douai en 1635, et composé par Louis Le Merchier, religieux, puis abbé de Saint-Jean.

Simon Le Boucq ne pouvait admettre qu'un autre que lui s'occupât de l'histoire des églises de Valenciennes.

Hécart, dans sa *Biographie Valenciennoise*, nous dit qu'il ne connait aucunement ce manuscrit.

22. *RECOEIL de diverses pièces concernans les prévilèges et authoritez de l'église N.-Dame-la-Grande en Valent. et des prélatz de Hasnon; faict et recoeillé par Simon Le Boucq, etc..... De plus contient ung abrégé des advenues remarquables qui se sont rencontré et rencontrent du vivant du susdict Le Boucq, en ladicte église.*

Cet ouvrage, dont on a perdu la trace, mais qui a dû être refondu dans son *Histoire Ecclésiastique*, est cité par Simon Le Boucq, dans la liste qu'il dresse lui-même des livres de sa bibliothèque. Il est également mentionné au n° 12.008 de la Bibliothèque historique de France, page 748, comme appartenant à M. Tordreau de Belleverge.

---

23. *RECUEIL D'ARMOIRIES sans titres, dans lequel on trouve plusieurs épitaphes avec les blasons des familles des comtes de Flandres et de Haynaut, et de plusieurs nobles de ce pays et autres.*

Cet ouvrage, qui a disparu, se trouve cité par Hécart, dans sa *Biographie Valenciennoise*, et par Dinaux dans sa *Notice sur Simon Le Boucq*.

---

24. *CATALOGUE des libvres qui sont en la Bibliothèque de Simon Le Boucq Valentiennois.*
(Écrit de 1622 à 1655).

Ce manuscrit in-4° sur papier de 61 f^os^ comprend, outre la liste des ouvrages ayant appartenu à Simon Le Boucq, une liste complète de ses collections de numismatique. Qu'on nous permette de remémorer à ce sujet, une anecdote assez curieuse. Au commencement de juin 1655, le gouverneur des Pays-Bas, Léopold-Guillaume, archiduc d'Autriche; de passage à Valenciennes, était allé faire ses dévotions à l'abbaye de Vicoigne. Le Boucq pour être agréable au prince, ne trouva rien de mieux, que de lui faire présenter par son fils, 636 médailles romaines de sa collection, dont 17 en or, 43 consulaires en argent, etc.. Le prince, pour remercier Simon Le Boucq, fit reconduire son fils chez lui, dans sa propre voiture à six chevaux, et avec une escorte d'honneur.

Ce manuscrit se trouve actuellement entre les mains de M. Boca d'Amiens; il est très utile en ce qu'il donne le titre de plusieurs ouvrages peu connus, imprimés dans le pays.

Comme tout vrai bibliophile, Le Boucq savait ce qu'il en coûte de prêter des livres, aussi lit-on en marge de son catalogue, de naïves réflexions dans le genre de celle-ci : « Prêté à M. X..., par conséquent perdu. »

IV

AUTRES TRAVAUX DE SIMON LE BOUCQ

CORRESPONDANCE, ANNOTATIONS. ET CORRECTIONS A DIVERS AUTEURS.

A tous les ouvrages importants dont nous venons de parler, nous ajouterons un relevé très sommaire de certains livres ou documents que Simon Le Boucq a enrichis en les annotant. Citons particulièrement une pièce très rare, une lettre autographe, la seule que l'on connaisse jusqu'ici :

SUSCRIPTION : *A Monsieur, Monsieur d'Esprelz, Greffier de la ville de Valenciennes :*

MONSIEUR

Vous aiant donné le bon jour, je vous prie mectre en forme une procure telle qu'il n'y eult qu'à le passer par devant le sénat de la ville de Colongne, pour faire relief de trois fiefz scitué et se relevant comme la mémoire icy inclu, iceulx escheue par la mort de Pierre Godin, à sa sœur

Sara Godin espouse d'Abraham Mauregnaut demeurant audict Colongne, laquelle Sara denome pour ses procureurs pour faire lesdicts Reliefz Simon le boucq, etc. laissant place assez ample pour y denomer les autres ; celle icy me fault avoir pour demain, quoy faisant mobligerez.

De plus pour moy une procure par devant nothaire et tesmoings denomant pour procureur Sr Jacques Wacrenie, capitaine d'une comp[e] bourgeoise demeurant à Lille, luy donnant puissance de en mon nom transporter au Sr Jean Descamps une rente de dix livres huict solz de Flandres a moy deue sur une maison et héritage gisant à Menin en Flandres à la grande rue qui vat à Lille et tenant à le chelle, icelle appertenant présentement à Jacques Levesque demeurant audict Menin. et ce pour le pris des deniers capitaux d'icelle portant treize livres quinze sols de gros, cédant au profit du dict achepteur Jan Descamps six années d'arriérage en deue escheue toutes le dernier de mars dernier 1633. promectz garandir, etc.

Le temps ne me permect vous aller trouver en personne cause que vous supplie m'excuser espérant que me ferez ceste faveur et que les despescherez comme desur. Je demeure

Monsieur,

DE VAL. AUJOURDUY 22 9bre 1633. Votre très affectioné serviteur

Simon LE BOUCQ

Nous ferons ensuite mention de ses *Additions et corrections à l'histoire de la ville et comté de Valentienne,* de D'Oultreman. (1)

(1) Cet ouvrage repose à la Bibliothèque publique. — En 1847. M. Boca publia ces différentes notes autographes de Le Boucq. (1 broch. in-f° de 10 ff. tirée à 30 exemplaires).

Registres des Choses communes. — 1636-1648, (page 233). Note autographe en marge de la copie de la minute de lettres d'indemnité du XXVII janv. 1645.

Registres des Choses communes. — 1646-1651, (page 311). Copie de pièce certifiée conforme, avec sa signature du XXII juin 1651.

Registres des Choses communes. — 1617-1628. (page 194). Note ajoutée à propos du mariage de Marc Le Cat et de Marguerite Cocqueau. 21 X[bre] 1625.

Note en haut d'un placard concernant le siège de Valenciennes, qui se trouve entre les mains de M. Ricouart-Dugour.

Voyage de P. Le Boucq à Jérusalem, manuscrit avec le titre suivant de la main de S. Le Boucq : *Le Sainct voyage de Jérusalem, faict par Pierre Le Boucq, fils de Pierre et de Jenne Vastare, Valentiennois, 1548. Recoeillé par sire David Willart, Prestre aiant servy de chapelain audit Pierre durant le voiage.*

Suit l'avis au lecteur f° 2 :

Au Lecteur.

M'estant ce petit libvre tombé en main, je n'ay Volu manquer de lui faire donner une petite ligature, Non seulement pour le respect que le voiageur m'estoit parent, mais principallement pour faire veoir les belles remarques y contenues, Affin que ceux prendant la peine de la feuilleter y puissent Recepvoir du fruict et à l'imitation d'iceluy voiageur emprendre le voiage pour y veoir les lieus que

que Nre Sauveur et Redempteur Jesus-CHRIST at volu choisir pour y naistre et Rachapter le gendre humain a l'arbre de la Croix. *Amen.*

Simon Le Boucq.

Annotations à l'*Histoire particulière des troubles advenues en la ville de Valentiennes...*, de J. Doudelet. — *Copie du serment que feirent les bourgeois de Valentienne, l'an 1577.*[1]

Autres annotations à J. Doudelet et copie de son *Sommaire des troubles et guerres advenues en la ville et duché de Cambray, depuis l'an 1579, jusques à l'an 1595.*[2]

Cette copie, écrite en 1616, appartenait en 1834 à M. Fremin du Sartel de Cambrai. M. Le Glay, dans son *Mémoire sur les Bibliothèques du Nord,* (1841, p. 160), dit qu'il possède ce manuscrit.

Ce sommaire des troubles avait été publié en 1834, dans les *Archives du Nord,* (tome IV, page 337, etc.)

Dans la *Chronologie des Comtes du Hainaut,* additions à J. de Guyse manuscrit de J. Doudelet, on trouve plusieurs notes.

Dans le manuscrit 959, *Histoire de Valenciennes,* par J. Doudelet, analysé dans le *Courrier du Nord,* n° du vendredi 9 mars 1888, 6 f^os ajoutés par Le Boucq.

(1) Reproduit en partie à la suite de l'*Histoire des Troubles à Valenciennes.* Collection Robaulx de Soumoy, p. 151.

(2) A ce propos on lit dans Brassart. *Fêtes populaires au XVIe siècle.* etc... (page 6 en note)... à cette liste il faut encore ajouter une « *Histoire de Cambrai.* écrite en 1616 ». la copie a été prise ici pour un original.

Enfin, d'après M. Dinaux, des additions à trois volumes reposant dans l'ancien cabinet généalogique de feu M. de Saint-Allais.

Il parait aussi que Simon Le Boucq ne fut pas seulement historien mais géographe, car il existe m'a-t-on assuré, chez un amateur, un plan de Valenciennes dessiné par lui vers 1640.

Maintenant :

« A celle fin que par cy après personne n'ayt occasion de murmurer sur mon labeur, je supplie affectueusement ceux lesquels pourroyent avoir quelques écrits Autenticques qui ne seroient conformes à ceux que j'ay recouvert, et sur lesquels je me suis fondé, de me les vouloir communiquer, à telle fin de les confronter contre iceux, et les redresser... car mon but ne tend à autre chose que de vouloir complaire et satisfaire à un chascun. »

LE SIÈGE DE VALENCIENNES EN 1656

INTRODUCTION

Vers le milieu du XVIIe siècle, l'Espagne, dont le Hainaut faisait alors partie, était gouvernée par Philippe IV, prince généreux et ami des lettres, mais trop faible pour maintenir sous son autorité cette monarchie espagnole si puissante que lui avait léguée son illustre bisaïeul Charles-Quint.

Depuis vingt ans (1635), Philippe essayait en vain de résister aux armées de Richelieu. En 1648, au traité de Westphalie, il avait eu une excellente occasion de faire la paix, mais il s'entêta dans son orgueil et dans sa présomption, ou plutôt il songea à profiter des troubles intestins de cette étrange guerre civile qu'on appelle la Fronde, afin de s'emparer de quelques unes de nos villes ou de nos provinces.

C'est alors que commença sur les frontières du Nord, cette longue lutte dans laquelle l'Espagne vit s'amoindrir son prestige et sa puissance au profit de son heureuse rivale.

Placée « entre la France qui finit et les Pays-Bas qui commencent » notre province déjà si éprouvée par les persécutions religieuses, dut encore souffrir et supporter les nombreuses déprédations des soldats amis et ennemis.

Sans nous occuper des combats qui précédèrent, nous allons nous reporter un an avant l'investissement de Valenciennes, c'est-à-dire en 1655. A cette date, Turenne, que la France opposait au Prince de Condé et à don Juan d'Autriche, portait dans nos contrées ses armes victorieuses, et s'emparait coup sur coup de Landrecies (13 juillet), de Condé (18 août), de St-Ghislain (23-25 août). Mais il savait que la conquête de ces petites villes ne pouvait être assurée, ni porter de véritables fruits, s'il ne se rendait maître de Valenciennes, avec Mons la vraie capitale du Hainaut. Aussi vint-il l'investir tout-à-coup le jeudi 15 juin 1656, comptant s'en emparer en peu de jours; car depuis longtemps déjà il avait manifesté ses projets sur cette ville, et essayé d'en préparer la conquête par l'intrigue et la corruption.

C'est ainsi que le 9 septembre 1654, durant le séjour de la princesse de Condé à Valenciennes, à la sortie du Conseil, les anciens prévôts Warlain de la Balghe et Simon Le Boucq, furent convoqués à la Chambre du Jugement, pour s'occuper d'une affaire de haute trahison, dont le sieur Jappin échevin, avait eu connaissance.

Il avait appris d'une domestique des dames de la Princesse, autrefois au service de Jean Jacquier son beau-frère, qu'un complot s'organisait dans l'entourage du prince, aussi bien contre ce dernier que contre la ville. Le confesseur de cette servante l'avait engagée à tout dévoiler à quelqu'un du Magistrat, elle choisit l'échevin Jappin auquel elle fit la déposition suivante :

« Journellement elle entendoit les domesticques desdits Prince et Princesse parler de mauvaise sorte, tantost qu'il falloit qu'ils sortassent des misères où ils estoient et se remectant en l'obéissance de leur Roy, lui faisant quelque signalé service, que ledit Prince n'estoit qu'un traiste servant contre son Roy, et choses semblables, mesme qu'iceux domesticques recevoient continuellement des lettres de France, voire de l'armée du mareschal de Thurenne qu'ils consultoient tousiours secrètement par ensemble que ledit Thurenne avoit dessein sur ceste ville et autres inconveniens, etc.(1) »

Après délibération, on fut d'accord d'aller prévenir le prince de Condé et le gouverneur le comte de Garcies. Peu de temps après, on saisit quelques lettres sans importance. Ainsi fut étouffée cette petite conspiration contre la liberté de notre ville.

On s'aperçut bientôt en France que la population valenciennoise était encore profondément attachée

(1) S. Le Boucq. *Advennes*, ms 510, p. 181, v.

à l'Espagne. Aussi ne fit-on que plus d'offres directes aux habitants pour les séduire et les pousser à la trahison.

Se voyant menacé de tous côtés, le Magistrat Valenciennois prit des mesures énergiques. Il défendit le commerce des vivres et munitions avec les villes du Quesnoy, de Condé, de Landrecies, de St-Ghislain, récemment conquises, et plus tard il défendit également aux habitants des villes voisines « de n'approcher de cette ditte ville plus près de cincq heures, à peine qu'estants treuvé convaincu d'avoir faict le contraire, ils estoient de bonne prise, et leurs marchandises confisquées.»[1]

C'était porter un coup mortel au commerce, mais c'était aussi montrer « la très grande affection et fidélité, qu'icelle ville à tousiours eu et ne cessera d'avoir au service de sa Majesté, nostre Souverain Prince et Seigneur. »

Cependant en face de mesures si sévères, les Français n'en continuaient pas moins à intriguer, et faisaient circuler certains bruits assez habiles, prêchant la neutralité de Valenciennes, disant qu'on ne pensait aucunement à s'en emparer, qu'on voulait en faire une sorte de ville libre, etc., etc.

Le Magistrat cette fois encore n'hésita pas, et publia l'édit suivant par lequel les peines les plus rigoureuses étaient décrétées contre quiconque se ferait le propagateur de ces bruits séditieux ou n'en dénoncerait pas les auteurs.[2]

(1) De Rantre, *Relation véritable du Siége de Valentiennes*, p. 6.
(2) De Rantre, p. 4 et 5.

(1) Messieurs du Magistrat de cette ville estans advertis à leur grandissime regret qu'aucuns mal-veillans et perturbateurs du repos publicq se seroient oubliéz jusques à ce point que de dire que les ennemis n'avoient garde de nuire à cette place soubs un prétexte abusif de Neutralité, et d'user d'autres semblables pernicieux propos presumptivement semez par l'artifice et industrie des Ministres de France nos ennemis pour charmer les oreilles du peuple et par semblables maximes le faisant insensiblement glisser dans la croyance de cette prétendue neutralité tascher de faire perdre ou diminuer à cette ville la très grande affection et fidélité qu'elle a tousiours eu et ne cessera jamais d'avoir au service de Sa Majesté Catholique d'Espagne nostre seul Roy et Souverain Seigneur et ensuite induire les moins affectionnez à négliger les soins de leur propre conservation et les debvoirs d'obeyssance qu'ils doibvent à Sadite Majesté pour par lesdits ennemis rendre plus facile l'exécution de leurs desseins, à nostre entière ruine et désolation. Et quoy que lesdits Seigneurs du Magistrat sont tellement asseurez de la fidélité de leurs bourgeois qu'ils ne peuvent croire qu'ils fassent la moindre réflexion sur le bruit de ce faux prétext de neutralité, puis que la seule pensée rend la personne criminelle d'un crime d'Estat, cependant comme il importe grandement au service de Sadite Majesté et au bien de la chose publique (nommément en cette déplo-

(1) En tête de l'exemplaire de cet édit que nous avons sous les yeux et qui appartient à M. Ricouart, on lit écrit de la main de S. Le Boucq, «Les ennemis faisans courir un bruict qu'ils vouloient rendre la ville de Valentiennes neutralle, plusieurs qui ne pensoient à la conséquence en goustoient tout à faict, croians par ce moyen qu'ils seroient à repos. Le s[r] Talon, surintendant pour le Roy de France au Quesnoy en avoit parlé à plusieurs et Monsieur le mareschal de Turenne mesme le dit au R. Père Crespin capuchin le 19 aoust, estant encore devant Condé. Lui aiant dict si avant que Mess. de Valenti. auroient bientost de ses nouvelles sur cela : De façon que le Magistrat trouva bon de drescher et faire publier le ban qui suit pour en désabuser la bourgeoisie. »

rable conjuncture) de punir à exemple et terreur d'autres les Autheurs de ces séditieux discours qui n'ont autre visée que d'attirer sur ce peuple les malheurs qui ne debveroient arriver qu'à eux seuls. Iceux Seigneurs font commandement bien exprès à toutes personnes qui peuvent avoir ou auront connoissance desdits Autheurs de les leur venir promptement dénoncer à paine que les défaillans seront tenus et punis comme fauteurs de ce crime, promettans au contraire une libéralle reconnoissance à ceux qui viendront volontairement faire ladite dénonciation qui sera tenue secrette: interdisant en suitte à tous Bourgeois, manans et inhabitans de ceste dite ville d'avoir aucune correspondance ou intelligence avec les ennemis soit des places conquises ou autres à paine que sera procédé contre ceux qui seront convaincus de l'avoir fait à l'exécution des paines comminées par l'Edit de la güerre.

Ce dit par Jugement à la demande d'honnorable homme MARTIN BRETEL Lieutenant le Comte estably par loy: le XXIIJ. Aoust 1655.

DE RANS.

Voyant toutes ses tentatives de corruption demeurer infructueuses, le maréchal de Turenne ne compta plus désormais que sur la force des armes. Aussi vint-il mettre le siège devant Valenciennes, un peu moins d'un an après la publication de l'Edit qu'on vient de lire.

Nous allons voir dans quelles circonstances et avec quel succès.

Hæc illa est bellipotens sulamitis, ordinatâ Castrorum acie formidolosior, Victix ab ipso Conceptu maculæ omnis exorte. Serenissimus Princeps IOANNES AVSTRIACVS Tantæ Reginæ devotus cliens cultor eximius, terrâ marique sub eius tutelâ felix, ac semper invictus, Belgii tandem oportunissimo adventu suo, animos erexit. Hostem vastâ spe omnia devorantem et ad pacis conditiones surdum vicit aperto Marte virtute humanâ maiore. debellatum firmissimis munimentis excussit. VALENCENAS OBSIDIONE LIBERAVIT.

O Diva per quam Reges regnant, Fautori gloriæ intaminati tui Conceptus semper fave.

SIÈGE MÉMORABLE
DE LA VILLE
DE
VALENTIENNE
PAR LES ENNEMIS FRANÇOIS

ensemble leur desroute devant Icelle par le Généreux Prince DOM JUAN D'AUSTRICE (1)

Préliminaires du siège.

Le Mareschal de Thurenne ambitieux des conquestes, qu'il avoit faict les années passées dans la province de Haynau, par la prinse des villes du Quesnoy, Condé, St-Ghislain et Landreschies qu'il avoit faict fortifier et entretenir de garnison avecq une despence si excessive qu'il en avoit espuisé les finances de la France, pensoit par icelle non seulement subjuguer le reste de la dite province de Haynau, mais encore tout le surplus des pays obéissans, avecq quoy encore on croit qu'il ne se fut contenté : que son desein estoit de passer oultre et prendre le reste que les provinces unies tiennent, et

(1) J'ai pensé qu'il serait intéressant pour le lecteur d'avoir le plus de détails possible. Aussi ai-je cité en note les passages principaux des chroniqueurs de Rantre et Ste-Barbe, passages qui ne figurent aucunement dans le récit de Le Boucq.

(*R* indique les citations de de Rantre; *B* celles du père Ste-Barbe).

par ainsy se rendre entièrement maistre des dix-sept provinces. Mais notre bon Dieu luy coupa bientôst brèche [1] et renversa sa grande ambition comme voyrez cy après.

Ayant doncq disposé ses affaires de longue main, et faict touttes les provisions nécessaires en sorte telle que rien ne mancquoit; il se meit en marche avecq une armée la plus puissante que la France n'avoit de long temps mis sus, et estoit pour le moins de trente mille homes, combien qu'aucuns la tenoient à beaucoup davantage. [2]

Investissement le jeudi 15 Juin 1656

Au reste estant entré au pays come est reprins cy desus et disposé de ses trouppes en sorte qu'elles poldroient en mesme temps se rendre et entourer la ville de Valentienne, il donna si bonnes ordres, que cecy succéda selon son désir le jeudy quinsiesme de juin de l'an XVIe cinquante six, jour du vénérable S. Sacrement, le tout néantmoins après que la procession solemnelle dudit jour fut achevée avecq les dévotions ordinaires et en repos : car au contraire on croioit lors qu'il avoit jà marché plus avant vers Ath ou Tournay où on croioit fermement que son descin estoit. Mais le contraire se veit tout à coup, environ les 12 1/2 heure [3] et une heure à midy du susdit jour, lors que tout à coup l'on veit ceste ville entourré de touttes parts. Les trouppes de Thurenne descendans du quartier de St-Saulve, et celles de la

(1) Couper brèche, battre en brèche, renverser.

(2) Mais à présent la Renommée
. . . .
Nous assure tout nétement,
. . . .
Que l'on a siégé Valanciennes
Nos généraux au cœur hardy
Le Bloquèrent dès samedy (c'est jeudi qu'il faut lire.)

(Loret Muze historique. — Lettre XXV, en date du 21 juin 1656. Tome II, p. 209).

(3) Simon Le Boucq procède toujours ainsi ; par exemple 12 1|2 heures pour 12 heures 1|2.

Ferté[1] Senneterre venu par Condé, prindrent les advenues du quartier d'Azin, Buvraige etc., et serrèrent si bien les passages, que rien ne povoit entrer ny sortir de la ville, et on avoit bien du mal de faire quelque fois passer ung aventurier pour porter ou pour apporter lettres pour advertir les supérieurs de l'estat de la place, et eulx pour nous donner courage et asceurer du secours qu'on nous préparoit.

Les ennemis approchant et entourant ainsy que desur, la ville, notre canon commencea a jouer tout aultour des muraille, et continua toutte la journée fort furieusement, sans néantmoins grand fruict, car ils n'approchèrent lors à la porté d'iceluy, chacun estant en besongne pour prendre son quartier et disposer leurs fortifications pour se garantir contre le secours qui poldroit arriver, jectans des ponts sur la rivière d'Escault tant en desoubz qu'en desceurs de la Ville pour avoir la communication des uns des quartiers aux aultres de mesme sur la rivièrette[2] ne se doubtans lors encore de nos eauwes qui leur donnèrent tant de besongne comme vous voyrez.

Occupation de l'Abbaye de St-Saulve

Ils assirent leurs fours dans l'abbaye de St-Saulve[3] où ils ruinèrent tous les plancages, pour se servir des plances

(1) «Le marquis de Castelnau à Saultain, le comte de Cossé, entre la Briquette, et vallez de Préseau. les Lorains renégats à la jambe (sic ?) jusques dans le marais de Bourlain. Le marquis d'Uxel remplaçait M. de la Ferté alors indisposé » (R. p. 12).

(2) Canal qui partait de l'ouvrage (pâté nº 12 actuel) reste de l'ancien château Le Comte, près de la porte d'Anzaing et allait jusqu'à Bruay, pour détourner les eaux de l'Escaut et assécher les marais. C'est en 1152, qu'on obtint l'autorisation de creuser ce canal. (*Mémoires histor. Soc. d'Agr.*, t. IV. p. 188).

(3). « Ils érigèrent en la dite abbaye de St-Saulve qu'ils ruinèrent entièrement, 11 grands fours de machonnerie » (S. L. B.) « four pour cuire les pains de l'armé en l'abbaye de St-Saulve qui fut ruinée par ce siège, abbaye de St-Saulve. » (D. Buvry.)

et aultres bois, faisant illecq poser touttes les provisions de farines en très grand nombre et tout ce qui estoit nécessaire pour la pannetrie.

Emplacement des différents quartiers des assiégeants.

Le Mareschal de Thurenne print son quartier sur le chemin d'Estrœux en desceure du Rolleux proche la Croix Tribu.

Le marquis de Castelnau sur la rivière d'Aulnoit.

Le Comte de Ligneville avecq ses perfides trouppes Lorrainoises, en deça de Fontenelles.(1)

Les trouppes de la Ferté-Senneterre, se meirent depuis Bourlain jusques à l'Espaix et le quartier dudit mareschal estoit à Buvraiges.

Préparatifs de Défense

Le duc de Bornonville commandant la garnison en ladite ville et le magistrat se voiant si opinément entouré, ne s'attargèrent aussi à ce qui estoit de leur debvoir pour la defence et tuition de la ville. Premièrement l'infanterie fut incontinent répartie aux dehors pour en avoir la garde, et veoir où les ennemis feroient leurs attacques. Le régiment de Dom Francesco de Menesses print son poste à la porte d'Anzain,(2) le régiment dudit duc de Bornonville à

(1) Fontenelle ou Ne dame de la fontaine. - Abbaye de filles de l'ordre de Citeaux, sous l'autorité de Clairvaux. Deux sœurs germaines, Agnès et Jeanne, filles d'un chevalier du nom de Hellin, seigneur d'Aulnoy, en sont les fondatrices. Ces deux sœurs élevèrent en 1212, un petit oratoire près de la fontaine dite des Pierres (de là le nom de Fontenelle) non loin de l'Escaut, sur l'ancienne route de Valenciennes à Cambrai. Ces deux sœurs firent de nombreuses prosélytes qui rendirent nécessaire la construction d'une nouvelle demeure. Ce qui se fit après de nombreuses démarches auprès de l'abbé de Crépin, propriétaire du lieu. C'est là que Jeanne de Valois, veuve du Comte Guillaume le bon, vint mourir en 1340 entre sa fille Isabelle, femme de Robert, Comte de Namur, et sa petite fille, Anne de Bavière, née de Marguerite de Hainaut et de l'empereur Louis de Bavière. Le nombre des abbesses de cette maison qui jouissait de 25000 l. de rente, était de 36; la dernière Philippine Farez, mourait en 1797. (Cellier, *Glossaire topogr.* p. 34.)

(2) Actuellement, porte du fond de la citadelle, donnant accès sur l'Escaut.

Tournisienne[1] et partie à Cardon[2] cestuy de la Mottrie[3] à Montoise[4], et nos bigorniaux soubz la conduite de M. de Maugré,[5] qui fut dernièrement gouverneur de Landreschies, à la porte Cambrisienne.[6] Partie desdits bigorniaux furent envoyez à la Tourelle[7] lieu de plaisance appertenant aux RR. pères Jésuistes, à la Redoute qu'on dit de St-Ignace,[8] et au Jolymectz, esquelz lieux on leur donna quelque crochets pour eulx défendre, et feirent durant le siège beaucoup de mal aux ennemis, lesquels durant tout le dit temps, ne sceurent venir à boult de l'une ny de l'autre desdites 3 places, qui estans depuis environnées des eauwes, tindrent tousiours bon nonobstant les attacques qu'ils eulrent, comme voyrez ci-après.

(1) Porte de Lille autrefois de Wilheult, Wihote, Vult, des Préaux, fort bel édifice construit en 1360. Un incendie en détruisit la partie supérieure le 1 juin 1821, rétablie en 1823, elle vient d'être entièrement supprimée 1886. *(Statist. Archéol.*, p. 65).

(2) Porte du Quesnoy, elle était située avant Baudoin l'édifieur (1171), au Pont de Pierre, entre les nos 11 et 45, 39 et 41 de la rue du Quesnoy. En 1377 elle était enclavée dans le bastion 13, elle fut portée en 1539 sur la courtine où elle est actuellement. *(Mém. Rev. Agr.* t. IV, p. 146.)

(3) « Au régiment du Seigneur comte de la Mottry, commandé par le sieur Major Fariaux, la demi-lune de la porte Montoise avec l'*Hoornwervk* ou ouvrage à corne du bastion de Poterne avec les contrescarpes et pointes, respectivement en dépendantes, jusques au bastion derrière les R. P. Capucins. » (R. p. 11).

(4) Porte de Mons, se trouvait en 1171 aux environs du moulin St-Géry, un peu en deça du square Froissart actuel. Depuis elle fut transportée où elle est maintenant.

(5) « Au seigneur colonel Maugré, la corne de Bournonville et autres ouvrages en dépendans hors la porte Cambrisienne, jusques à la porte Cardon avec la compagnie du Sr comte de Bucquoy. » (R. p. 11).

(6) La porte de Famars, était située au temps de Baudoin l'édifieur, sur un petit canal aujourd'hui comblé, mais qui figure sur les plans antérieurs à la Révolution, à la hauteur du no 63, rue de Famars. En 1656, elle se trouvait à 50 mètres environ en avant de la porte actuelle, la quelle fut bâtie au milieu du XVIIIe siècle et ornée de sculptures par Ant. Pater.

(7) N'existe plus aujourd'hui, était située sur la rive droite du Vieil-Escaut, à l'endroit où la rivière Ste-Catherine part de ce fleuve pour se diriger vers la ville.

(8) Etait située en face de la Redoute Saint Ignace (rive gauche) à la boucle point de départ de la rivière Ste-Catherine.

Sur les cincq heures du soir, on meit des feuz avec tourteaux au belfroy et à la thour St-Nicolas, pour donner advertance au maître de camp Verkeest[1] qui estoit en garnison à St-Amand, que nous estions serrez, affin de l'induire qu'il viendroit avec son régiment d'Infanterie se jecter dans la ville, ce qu'il eult faict, mais les advenues estoient jà si bien bouchées, qu'il n'y povoit rien passer.

Conseil particulier. Armement et dénombrement des forces valenciennoises

[2] A la mesme heure, se tint le Conseil particutier,[3] où premièrement fut ordonné de lever aultant de soldats bigorniaux qu'on rencontreroit, veue le peu de garnison que nous avions qui n'estoit capable de nous défendre. Car en 3 régimens d'Infanterie qu'avions, il n'y avoit pas en tout mille hommes effectifz, et en quatorze compagnies de Cavallerie qu'environ deux cens hommes tout au plus[4].

Item fut aussy ordonné de lever aultant de gens qu'on poldroit pour travailler aux fortifications et en toutte diligence, veue qu'il n'y avoit aulcuns des ouvrages de dehors achevez, ains seulement beaucoup de commencemens, comme avez veue assez cy-devant.

Et comme la massarderie[5] estoit entièrement espuisez, et qu'il n'y avoit argent a la main, on députa Mon^r^ le Prevost avecq Mrs de Warlain et de la Motte anciens prévosts,

(1) « Maistre de camp de l'infanterie Wallonne tué à l'attaque du comte de Marcin» (R. p. 105).

(2) « Moy absent. » S. L. B.

(3) Le conseil particulier a l'administration des affaires de la ville qui ne regardent point la justice. Il est composé d'un magistrat et de 25 bourgeois. (Voir Cellier, *Commune Flamande*, p. 113).

(4) « On leva aux gages de la ditte ville quattorze compagnies d'infanterie suivant la puissance que lesdits seigneurs du Magistrat en avoient eu de saditte Altesse Sérénissime, par ses lettres en datte du quatrième de Juillet dernier. » (R. p. 15).

(5) La massarderie a été remplacée de nos jours par la recette municipale. Le nombre des Massards varia beaucoup, il fut de 3, de 2, de 1. Le règlement de 1615 en établit deux, aidés de deux receveurs. Les uns et les autres restaient 3 ans en fonctions; ils avaient des gages fixes. (Cellier *Commune Flamande*, p. 129.)

pour cercher les moiens de trouver promptement argent pour les grandes necessitez présentes.

De plus le Magistrat ordonna à ceulx des sermens des arbalestriers et archers, de venir avecq armes, afin faire la garde à la chambre à seaux pour tenir ledit Magistrat en asceurance.

La compagnie des Bons Vouloirs furent exempte de garde, pourveu se trouver de jour sur les murailles, avecq leurs bastons de jardin, pour avecq iceulx incommoder les ennemis aultant que faire se poldroit.

Pour renforcer les gardes, l'on feit monter une seconde compagnie bourgeoise, y faisans marcher un chacun sans exemption de personne, tant ceulx aians esté lieutenans, Eschevins qu'autres, tant vieux que jeusnes.

Autres Préparatifs.

Sire François de Dixmude, Prevost print son logement en la maison de ville affin d'estre plus a la main, et coucha continuellement durant le siège, en la chambre qu'on dit aux Chires, soubz le ferme de la ville.

Il y avoit tous les jours pour le moins deux eschevins de garde, et le plus souvent davantage suivant les occasions.

L'ung des maistres de munitions demeuroit aussi la nuict au comptoir de basse ammonition, pour donner les ordres et faire distribuer ce qu'il estoit de besoing pour le service de ceste ville.

Lon feit aussy serrer les arcades des tenues d'eaues en la bretecque et à Anzain, pour inonder le faux bourg de notre dame Bourlain et les environs, ce qui réussit si bien, que cela nous assista grandement et donna bien de la besongne aux ennemis, qui empeschez aultour d'icelles, pour pouvoir avoir communication de l'un de leurs quartiers à l'aultre, nous donna du tems de suffisance, pour nous si bien fortifier que c'estoit merveille de veoir le travail qu'on feit en si peu de temps, et si bien que rien n'y mancquoit, et qui donna tant de besongne aux ennemis, que nonobstant leurs furieuses attacques, n'y sceurent rien profiter, ny gaigner un pied de terre en 15 jours de temps qu'ils y emploièrent.

On ordonna aussy que la Compagnie bourgeoise de renfort iroit le lendemain de sa garde de nuict, travailler aux fortifications, la part qu'on les envoieroit. Enfin, l'on n'obmetta rien de tout ce qui pouvoit servir à notre juste défense.

VENDREDI 16 JUIN.

Le Vendredy 16, les ennemis commencèrent en diligence à travailler aux lignes de communication et aultres fortifications pour asceurer leur siège.

Autres préparatifs de Défense.

Ceulx de la ville aians soing a leur conservation, feirent abbatre la chapelle de St-Barthélemy [1] hors de Cambrisienne, les églises paroischiales de Saint Waast hors des murs, et de l'Espaix, et grande partie des arbres qui estoient au faux bourg Ne Dame, qui seul estoit demeuré entier durant les guerres. Et tout eult esté abbatu si les eauwes ne l'eussent empeschez. On avoit aussy ordonné d'abbatre le chasteau de l'Espaix, mais l'on n'y sceut aborder ; a raison que les ennemis avoient occupé les postes des environs, aussy ils s'en saisirent et y meirent des gardes le 19 dudit mois ; de mesme avoit esté resoud d'abbatre la posterie hors Cambrisienne, mais on trouva bon la laisser jusqu'à plus grand péril.

Le magistrat réquisitionne du bois pour les palissades.

Le magistrat ordonna aussy de prendre partout, indifféremment, les chesnes et principallement les vieux bois qu'un chacun avoit de réserve, procédant des bastimens cy devant ruinez, tant des faux bourgs que villages voi-

(1) Hopital pour les pèlerins fondé en 1202 par l'échevin Laurent de Champagne près de la fontaine St-Gilles alors appelée fontaine de Castres. (*Soc. Ag.* tome IV. p. 118.)

sins, depuis les guerres, et ce pour faire palissades nécessaires à tous nos fortifications des dehors. Et autrement, ce qui se feit en telle diligence, qu'en moins de 13 à 14 jours, l'on planta aultour desdites fortifications plus de cent cincquante mille pallissades.

Ordonnance relative aux levées de troupes.

Sur le midy, on publia par ban publicq, une ordonnance par laquelle estoit enjoint à tous maistres Mulquiniers, Bourachers, Sayteurs et aultres, qu'ils auroient tous à apporter le nombre des valets et ouvriers qu'un chacun avoit, leurs noms et surnoms, pour faire enroller iceulx, soit à la solde de la milice de ceste ville ou du Roy, ou bien pour les emploier aux travaux des fortifications et ouvrages nécessaires pour notre deffence, sans par iceulx maistres en povoir receller aulcuns, ny retenir chez eulx : le tout à peine de vingt livres blz. d'amende ou aultre peine arbitraire.

Défense d'augmenter le prix des vivres.

Item par le mesme ban fut ordonné à tous bouticlers en général, de ne renchérir en façon que ce soit ou puist estre, toutes leurs denrées et vivres, à peine de correction arbitraire ; ce qui fut si bien observé, que durant le siége aulcune chose ne monta de prix et tous vivres estoit à aultant bon marché qu'auparavant iceluy (1)

Conseil particulier. Questions d'argent.

Au mesme temps fut réuni conseil particulier, principallement pour cercher les moiens de trouver argent. Aiant esté représenté que les massars avoient exhibé une liste de ce que leurs fermiers des impôts devoient jusqu'au dit jour, mais que ces debtes n'estoient prestes à recevoir, à raison qu'aiant mandé iceulx fermiers, ilz avoient déclaré n'avoir argent à la main, et qu'on les contraignasse hardiment, qu'on voiroit que l'on n'y profiteroit

(1) « Effectivement le pain n'augmenta aucunement de prix la bièrre ne valut que trois patars et demy le lot etc., » (R. 77). « Le patar valait un peu plus de 0,06 »

rien. De plus lesdits massars advertirent avoir mis billiet d'attache pour leur argent à cours de rente au denier 14 ou a pention au denier 6, et que personne ne se présentoit pour donner argent. Ordonné que les massars presseront et tireront ce qu'ils poldront des fermiers. Item qu'on parlera au Mayeur de ceste ville, affin qu'il nous délivre les namptissements qu'il at en mains.

Item qu'on s'assistera des namptissements qui sont au ferme du Prevost.

Item de parler au maistre du mont-de-piété affin de tirer de luy quelque somme notable. Et au surplus mander les principaux bourgeois pour les induire à financher quelque somme, soit par presté à rente au d. 14 ou a pention au d. 6.

Authorise le Magistrat de sallarier de mesme façon ceulx faisans service à la ville durant le siège.[1]

Ordonné aux massars de furnire aux maistres de la cour St-Denis[2] 1200 lt.

Soldats, bigorniaux et compagnies bourgeoises.

Authorise le Magistrat de faire donner aux canonniers jusques à 6 tonnes de bière, une à la fois.

Advoue 8 tonnes de bière et 185 lt. de fromage donné aux soldats de la garnison et bigorniaux aians auparavant le siège travaillé ung jour à rabattre les crettes de la rue depuis le Cœur Dollant jusques à Marlis.

Authorise le Magistrat de faire payer avant main, deux journées à 6 patars par jour, à tous soldats qui s'enrolleront au gage de ceste ville.

Michel-Arnould Conrard, se propose comme capitaine.

Michel Arnould Conrard, fils Jean s'estant offert d'estre capitaine, et qu'il livreroit pour le moins cent hommes d'infanterie, fut accepté en sa demande. — et notez que

(1) « At esté payez à Laurent Cocqueau pour toutte journée d'un cheval qu'il at livré au greffier criminel durant le siège 30 t. à l'alfarez Pedro Lopez pour services par luy rendus durant le siège 48 t. à Jean Fareau pour service rendu avecq cheval durant le dit siège 21 t. » — S. I. B. —

(2) Officiers municipaux chargés de la direction des travaux de la ville. Ils étaient au nombre de 6 à l'époque du siège *(Commune flamande p. 113.)*

tant à iceluy que tous aultres capitaines, qui furent créés cy-après, que pour leurs soldats, l'on livra de notre ammonition, mousquetz, fusils et picques qu'il leur convint avoir.

Les prêtres et moines mendiants travaillent aux fortifications.

Ce jour tous les ecclésiastiques et ordres des mendians, en suite de la requeste que leur en feit le Magistrat, commencèrent à travailler en diligence aux fortifications, commede mesme la compagnie bourgeoise de renfort qui avoit faict la garde la nuict, avecq ordonnance de continuer tant et si longuement que le tout fut mis en bon estat.

Inondation des marais de Bourlain.

Comme l'on voioit les ennemis passer et rapasser aux maretz de Bourlain, l'eaue n'estant encore en estat de leur défendre ce passage, on mena deux petites pièces de canon dit fauconneaux au Jolimetz, et aulcuns crochetz à la Tourelle et à la redoute de St-Ignace, ce qui les incommodoit bien fort. Et au surplus Jean de Grève et Jean de Zélande faux bourtiers, se vindrent présenter et offrir de faire promptement inonder les dits maretz de Bourlain, ce qu'on leur ordonna de faire. Et sitost montèrent sur une barquette et allèrent rompre une digue vers la Tourelle, laquelle inonda à l'instant le tout, de sorte que quelques charrettes des ennemis y estans pour passer, ne sceurent sortir et falut qu'ils vinrent recercher la charge d'icelle avecq des chevaux.

Cependant pour ce bon œuvre on ne donna aux dits de Grève, Zélande et quelques compaignons qu'ils avoient prins pour leur assister, que deux patacons.

Conseil de Guerre.

Le Conseil de guerre(1) fut estably et composé de M. le duc

(1) « On tint journellement conseil de guerre sur les six heures après midy, chez sire F. de Dixmude... auquel Conseil ledit Sr Duc présidoit à l'intervention des Seigneurs Maistres de camp de Menesses, Maugré et Frédéricq Goudals, Major Fariaux et Davila lieut. colonel, ledit Sr Prévost, Messire Claude de Hennin... Philippe de Baumont, Sr de Campaigne, Conser de S. M. avec un Conseiller pentionnaire de la dite ville lequel fut presque journellement le sieur Tordreau, pour l'indisposition et maladie du Sieur de Rans premier Cr pens. lequel avoit été dénommé dudit conseil, par lettre du S. Archiduc Léopold du 27 d'Aoust 1655. » (R. p. 18).

de Bornonville, de dom Fran[co] de Menesses, du major Fareau, du m[e] de camp Frédéric et aultres militaires et de la part de la ville M. le Prévost et nostre premier pentionnaire, mais à cause de son indisposition, maistre Charles Gabriel Tordreau second pentionnaire feit le debvoir. Ce conseil se rassambloit tous les jours à 6 heures du soir, et lorsqu'il estoit de besoin aux heures qu'il convenoit; le sieur de Warlain comme premier du Conseil particulier y fut aussy appelé.

Procession

Nonobstant le siège, la procession ordinaire de St-Géry, en l'octave du St-Sacrement se feit come de coustume avecq dévotion et sans aulcun troublement.

SAMEDI 17 JUIN.
Escarmouche à la porte d'Anzain

Le 17 juin se feit une furieuse escarmouche hors la porte d'Anzain,[1] par nos Espagnols et cavallerie avecq lesquels se joindirent la Comp[ie] bourgeoise de M. de la Motte, qui travailloit à rabaisser les crètes de la ruelle Haproise pour la rendre égal et remplir, quitant la besongne, se meirent aux armes avecq aultres, et se trouvèrent plus de cinq cens bourgeois lesquelz, avecq les soldats repoussèrent les ennemis jusques à Azin: mais come il leur venoit du renfort de tous costé, les nostre furent conseillés de faire une honnorable retraicte, après avoir couché par terre plus de cent cincquante des dits ennemis, et de notre part n'y eult qu'un soldat tué et 15 ou 16 tant bourgeois que soldats de bleschiez [2]

(1) « Ceux du Jolime, de la Tourelle et de la redoutte St-Ignace tirèrent leurs canons et crochets si furieusement sur les ennemis qu'ils les contrainirent à droet et à gauge de l'Escaulx de reculer Leurs quartiers bien un demi cart de Lieux. » (B. p. 313).

« En cette escarmouche se trouva ledit Sr Duc à cheval encourageant nos bourgeois, et les obligeant de tenir bon, au chemin creu nommé ruelle Haproise au delà la porte d'Anzain » (R. p. 21).

(2) Parmi les blessés on peut citer « le Capitaine Lieutenant de Reins, Allemand, du depuis décédé. » (R. 21)

Entre ces preux avanturiers
Qui s'aquirent là des lauriers,
. . . .
Le dix sept du mois passé
Le sieur Lalin brave à merveilles
Y fit des choses non pareilles
Et Ligneville et Lénoncourt
Et l'adjudant mesme à son tour...
(Loret p. 211. let. XXVI du 1er juillet.)

En mesme temps que estoit sur les 9 ou 10 heures du matin, les ennemis receurent ung grand convoye venant de Condé.

Conseil particulier. Procession ordonnée

Le dit jour, conseil particulier ou fut premièrement proposé qu'il estoit nécessaire d'implorer l'assistance divine et secours de la glorieuse Vierge pour notre délivrance. Et sur quoy fut ordonné de à demain faire procession généralle en l'église de Notre-Dame la Grande,(1) ou qu'on feroit apporter l'image de Notre-Dame de Grâce de l'église St-Jacques, (2) pour estre posée sur le grand autel durant la messe, et par après estre portée en la procession avecq la fiertre des Roycz;(3) faisans tous un vœu de la parte de la ville, qu'en cas de délivrance qu'icelle fera présent à la dicte image de Notre-Dame de Grâce d'une lampe d'argent de la valeur de six cens florins.

Hôtel-Dieu

A la bonne maison de l'Hostel-Dieu (4) cent livres. tz. par sepmaine à commencer à l'expiration de l'accord précédent, et ce à cause qu'on avoit ordonné à la maistresse

(1) Cette immense église commencée par Richilde en 1080 occupait en longueur l'espace limité par les nos 119 et 113 rue de Paris le portail faisait sensiblement face à la rue Ne-Dame (nos 58 à 60) et l'abside se prolongeait vers la rue Capron. Elle était desservie par des moines bénédictins de l'abbaye d'Hasnon réunis sous l'autorité d'un prévôt. L'habitation de ces religieuses formait un vaste corps de bâtiments s'étendant jusqu'au canal des Viviers et comprenant l'hôtel actuel de la sous préfecture.

(2) En 1293 à cause de l'accroissement de la population la chapelle St-Jacques est rendue paroissiale sous l'autorité de l'abbaye d'Hasnon. Souvent reconstruite, cette église était située sur la rive gauche de l'Escaut, dans la rue qui a gardé son nom, entre l'Escaut et la rue Emile Durieux. (Ces deux notes sont tirées des *Mém. Soc. Agr.* (t. IV, p. 141-162).

(3) Confrérie destinée à perpétuer le souvenir de la peste de 1008 et à prendre soin du Cordon miraculeux. Ce fut en l'an 1012 que définitivement organisés, ils s'appelèrent les *Royés*, du nom de leur costume primitif qui consistait en une robe dont la moitié « estoit tout ample, et l'autre billebarrée et rayée de diverses bandes de haut en bas. » (Julien, *Notre-Dame-du-St-Cordon*, p. 23.)

(4) Bâti sur l'emplacement de l'hôtel du Prévôt Le Comte, situé à l'endroit dit le Pont St-Paul. A sa place se trouve maintenant le groupe de maisons traversé par le passage Boca. (*Mém.*, t. IV, p. 168).

L'Hôtel-Dieu fondé en 1130 sur l'emplacement de l'hôtel des Berniers, anciennement l'Eglise Ne-Dame, rue des Hospices. (*Stat. Arché.*, p. 71).

de recepvoir les bleschiez de l'escarmouche de ce matin, come on fera de ceulx à l'avenir, et qui seront illecq envoyez par ordre du Magistrat et du commissaire de Sa majesté Zagastizanal, ceste accord a duré l'espace de 3 mois à l'ordinaire. (1)

Vivres à accorder aux soldats

Le duc de Bornonville feit faire trois propositions audit conseil, scavoir, la première qu'on auroit à donner rafreschissemens aux soldats, tant d'infanterie que de cavallerie, soit d'une vache par jour à chaque régiment ou du fromage avecq de la bierre.

Authorise le magistrat de donner iceluy rafreschissement soit en chair ou fromage, et pour la bierre en faire brasser à trois quartiers de grains au tonneau.

Don fait aux officiers espagnols

Secondement de faire donner quelques gratis au colonel espagnol dom Franc[co] de Menesses et ses capitaine, veue la fatigue qu'il avoient. Ordonné de présenter audit colonel une fillette de vin, 3 jambons de Maience et six langues seiche.

Levée de chevaux

Tiercement qu'on voudroit appercevoir les chevaux inutiles qu'il y avoit dans la ville, pour remonter des soldats démontez et faire une nouvelle compagnie, veue qu'avions peu de cavallerie pour defendre la ville, en faisant priser iceulx cheviaux pour en cas qu'ils fussent tués ou prins des ennemis en faire bon la valeur aux propriétaires, et pour quoy il donneroit sa lettre de promesse. Ordonné en faire les debvoirs.

Mont-de-Piété, affaires d'argent.

Fut adverty qu'on avoit en suite du conseil précédent mandez le mayeur (2) et le surintendant du mont de piété, pour tirer d'eulx les argens qu'il povoient avoir en main

(1) « L'on ne paya à la dicte bonne maison que six sepmaines à raison d'un aultre accord qu'on feit avec la maîtresse comme voyrez cy-après. » (Simon Le Boucq).

(2) « Au Mayeur de la Tasnerie compète et appartient d'enventorier les biens des habitants décédés dedens leurs limites ils sont establis par le prélat de St-Jean seul, et sont à viage. » (Cellier, *Commune flamande*, p. 152).

pour s'en servir aux grandes nécessitez présentes. — Que ledit Mayeur avoit déclaré avoir environ treize mille florins, qu'il offroit de livrer pourveue obligation pertinente.

Item que cestuy du mont de piété avoit déclaré n'avoir qu'environ cincq mille florins, et qu'il croioit qu'il en seroit quicte ce jour d'huy à cause du grand nombre de meubles qu'un chacun y apportoit pour s'assister, en sorte telle que si l'on ne lui venoit desgager et recercher des hardes, qu'il seroit contraint de fermer le dit mont et laisser les povres gens en danger.

Ordonné de lever les 13000 florins du Mayeur, en lui passant obligation telle qu'il fut leue à ce conseil, dresché par le greffier Pamart.

Item de donner au prévost une pareille descharge pour ce qu'il délivrera de ses namptissements.

Levées de troupes. Inondations.

Item fut ordonné de faire aultant de Comp^ie d'Infanterie qu'on trouvera de capitaines à la solde de ceste ville, en levant le plus de gens qu'on poldra pour nostre defence. Ce jourd'huy l'on boucha le canal du rivage de Cambray pour faire aller l'eaue dans les maretz de l'Espaix ce qui feit aussy bonne opération.

Les ennemis feirent abbattre l'Eglise des Marlis et la chappelle de Beaulieue pour avoir les bois pour s'en servir en leurs ouvrages.

Ce mesme jour, fut publié et ordonné que tous jeunes hommes depuis l'âge de seize ans auroient à faire garde en desoubz de Jean François Ignace Rasoir, fils du sieur de Croix, qui en fut desnommez capitaine, le tout aux peines édictez pour le faict des gardes, et que les pères et mères responderont et satisferont aux faultes de leurs enffans.

En suite de quoy lad. comp^ie de jeunesse monta en garde ledit jour et prindrent pour leur corps de garde la maison des arbalestriers en la rue Tournisienne, et ledit capitaine Rasoir, avoit pour son lieutenant Anthoine Puchot et pour alfarez Pierre Lestrelin.

Le Magistrat advoua encore pour capitaine d'Infanterie à la solde de ceste ville. Philippe de Briastre, Pierre Collez et Jean Michel Jacquier fils du bailly de Wallers.

DIMANCHE 18 JUIN *Processions.*

Le dimence 18e dudit mois, en suite de la résolution du jour précédent la procession générallе se feit avec une dévotion indicible. La fiertre des Royez exposez dois le grand matin au chœur de l'Eglise de Ne Dame la grande. l'on y posa devant de la parte de la ville, ung cierge de cire blance pesant 12 lt. La messe fut chantée par P. Mathias le Roux abbé d'Hasnon ; et l'image de Ne Dame de Grace y fut apportée lorsqu'on estoit à l'offertoire, et commençoit la prédication par le R. père Carme, estant acconduit de l'Eglise St-Jacques par les religieux de Vicongne resfugies lors en ceste ville, de ceulx de St-Jehan, (1) du clergé de la dicte église. de St-Jacques suivy du Magistrat en corps.

La prédication et messe achevé, la procession sorta en la manière accoutumée. Les confraries de St-Eloy et de Ne- Dame de Hall y marchoient avecq leurs fiertres, puis l'image de Ne-Dame de Grâce, devant laquelle nostre hérault revestu de sa cotte d'armes, portoit le ciron susdit qui avoit esté porté devant la fiertre des Royez. Laquelle suivoit la dite image avecq les confrères, puis le clergé et le susdit R. prélat d'Hasnon. y portant le vénérable St-Sacrement suivi de l'abbé de St-Jean et du Magistrat, faisant la dicte procession le thour ordinaire, sauf que passant, le St-Sacrement entra dans les églises des R.

(1) Cette église construite sur l'emplacement de la chapelle du roi Thiéry était située dans l'enceinte de l'abbaye qui portait son nom et n'avait pas d'issue directe sur la voie publique. Le chevet se trouvait derrière la maison encore existante, rue de Paris, 19. et le grand portail parallèle à la ruelle St-Jean, en était séparé par une cour et une rangée de constructions.

pères Jésuistes [1] et de Ne-Dame de la Chaussée. [2] Et le tout achevé, l'on reporta la susdite image de Notre Dame de Grâce en l'église de St-Jacques, accompagnée des religieux carmes, de ceulx de Vicongne, et de St-Jean avecq le clergé d'icelle église, suivy du Magistrat en corps, le hérault [3] revestu comme desur avec sa cotte d'armes portant devant l'image de la vierge le ciron qu'on avoit allumé le matin devant la fiertre des Royez lequel fut laissé en la susdite église de St-Jacques, ou se feit une octave pour implorer le secours de la Vierge, la ville y livrant —— les musiciens ordinaires.

Le dit jour la procession de l'octave du St-Sacrement de l'Eglise de St-Jean, ne se feit à cause de la généralle, mais à l'après-midy feirent la dicte procession dans le cloistre seulement. Mais notez que toutes les aultres durant l'octave furent faict aussy solemnellement que d'ordinaire nonobstant le siège et partout y avoit une dévotion du tout extraordinaire.

La tour de Raismes prise par les ennemis.

Le mesme jour environ 20 de nos soldats estans en la thour de Raismes, furent contraints de se rendre aux ennemis prisonniers de guerre, nous y perdasmes les six crochetz de bronze, [1] que mal a propos on avoit presté à à la requeste du duc de Bornonville.

Escarmouche à la parte Cardon. Arrivée d'un courrier du gouverneur de Cambrai porteur d'une lettre de S. A.

A l'après midy on eult encore une forte escarmouche

(1) Aujourd'hui église St-Nicolas.

(2) Cette église avec son cimetière comprenait les nos 71 à 81, rue de Famars, et s'étendait par derrière jusqu'à la rue des Foulons. (*Mém.* t. IV, p. 162).

(3) C'était là une des prérogatives dont la ville était le plus fier, d'avoir comme les grands seigneurs un héraut d'armes pour transmettre ses messages dans les circonstances solennelles et présider aux cérémonies publiques. (Cellier, p. 136).

(1) « La ville estant secourue le 16 juillet, les ennemis abandonnèrent la tour de Raismes comme voyrez cy-après. Ils y laissèrent les dits six crochetz de bronze qui furent rapportés à notre ammonition le 21 octobre du dit an. » (S. L. B.)

hors la porte Cardon, [1] tant par notre cavallerie que partie d'infanterie et bourgois volontaires, lesquels meirent tous les quartiers ennemis de ce costé en allarme. Les ennemis y perdirent du monde, et de nostre part n'y eult que deux soldats bleschez. Entre les ennemis s'estoit fourré un espagnol envoyé par le gouverneur de Cambray à nostre commandant, lequel estant venu par le Quesnoy s'estoit mis dans leurs trouppes et vint escarmoucher contre les notres avecq les aultres, mais sur la fin come les nostres se retiroient avecq bon ordre vers la ville, cestuy-cy s'advança un peu et crya «Vive Espaigne.» Aussitôt un lieutenant de notre cavallerie l'alla aborder, et le sauva avecq ses lettres dans la ville. Icelles contenoient que S. A. feroit rassambler ses trouppes vers Douay, mais si ce pendant nous avions besoin de sa garnison, qu'en lui faisant scavoir par où elle poldroit passer, qu'il l'envoieroit. Et sur les unze heures de la nuict suivante, arriva un second Espagnol envoyez dudit gouverneur de Cambray, apportant un duplicata de la susdite lettre.

La garnison de Bouchain[2] tascha d'entrer dans la ville

«(1) Sur les sept heures du soir, quelque partie de nostre cavaillerie et infanterie s'estant fillé dans les masures du village de Marlies, à dessein de lever quelques chevaux venans abbreuver au voisinage, en ont esté empeschez, à raison que les ennemis en avoient probablement eu advertence, car ils estoient en grand nombre de gros à cheval, lesquels les ont obligé à une retraicte, dans cette seconde occasion les ennemis y ont perdu des gens et chevaux par nostre canon, qui donna heureusement sur leurs gros, entre lesquels le Seigneur Deudicourt jadis Gouverneur de Landreschies fut tué.» (R. 22).

(2) Dont les Ennemis en alarmes.
Assemblans, Piétons et Gens d'armes,
Ont tenté depuis quatre jours.
D'y faire entrer un gros secours;
Mais les Lorrains, Gens de courage,
Se rencontrans sur leur passage,
Occirent les plus hazardeux,
Et firent prizonniers cent deux....

(Loret, Let. XXV, 21 juin, p. 209).

par le quartier de Fontenelles ou estoient les Lorrains,[1] mais feurent repoussez avecq perte y laissant plusieurs prisonniers.[2]

L'avant dit 18, la nouvelle comp[ie] d'infanterie de Michel Arnoult Conrart monta en garde, et alla prendre son poste en la dernière lune de Notre Dame[3] derrière Beaumont.[4]

LUNDI 19 JUIN
Prières publiques.

Le 19 juin, en suite d'ordonnance du clergé de ceste ville on commença les prières à 6 heures du matin en l'église notre Dame la Grande, qui durèrent jusqu'à six heures du soir, qu'alors se commençoient aussy pour ceste heure, aux R. pères capuchins ; et ainsy continuellement en aultres églises pour icelles durer si longtemps que le siège seroient dans ceste ville. Oultre quoy presque en touttes les églises de la ville se faisoient prières particulières, le tout pour implorer l'assistence de Dieu et de la Vierge.

Conseil particulier.

Le conseil particulier fut derechef assemblé où fut leue l'obligation que le duc de Bornonville avoit donné au Mayeur, et le pourject de celle que debvions passer pour 14316 florins, qu'il estoit content furnire desur namptissements; lesquelles contenoient promesse restituer la dite somme à faict que les propriétaires les trouveroient à remplir, et que le surplus lui seroit remis en main après

(1) Cette garnison ainsi que celle de Cambrai, etc., « étoit commandée par le Vicomte de Barlin Colonel d'Infanterie, frère dudit seigneur duc de Bournonville, par le marquis de Richebourcq son cousin germain Maistre de Camp d'Infanterie, et le maistre de Camp de Cavaillerie le sieur Pilosel, ce dernier fut fait prisonnier. » (R. 26). Le commandant de ces troupes au dire du frère Ste-Barbe était le colonel Mensacque.

(2) « Ce mesme jour pareillement sur le soir il y eult quelques escarmouches entre la cavallerie et celle de l'ennemi, devant la demi-lune William avec peu de perte de part et d'autre. » (B. 311).

(3) Cette demi-lune s'appela bastion royal, puis national à la Révolution, il est classé actuellement sous le n° 41, et se trouve derrière la poudrière de la place Verte.

(4) L'emplacement du couvent de Beaumont est celui d'une maison aujourd'hui détruite dont il ne reste plus qu'un mur formant la clôture d'un jardin à la suite du n° 21. (*Mém.* t. IV, p. 156).

le siège de ceste ville, en sorte que lui ny ses hoirs n'en seroient inquietez; à quoy on obligeroit les biens de Sa Maté et ceulx de la ville. Aiant lesdites obligations esté signées dudit duc de Bornonville, du prévost, des anciens prévost, et des conseilliers et greffiers.

Hôtel-Dieu

Authorisez le Magistrat d'achapter une filliette de vin pour mectre à l'Hostel-Dieu pour panser les bleschez, et pour le brandvin qu'il conviendra avoir authorisé la maistresse de l'envoier cercher par taille, en la cave des fermiers dudit brandvin. Et pour les médicamens n'en fut faict de mention à cause que le licentié en médecine Brehon déclara que le duc de Bornonville l'avoit envoiez cercher le jour d'hier à dix heures du soir et lui avoit ordonné que son père, apoticaire, auroit à livrer tous les médicamens qu'il conviendroit avoir pour les soldats.

Levée de chevaux. Brasseurs

Item que par ban publicque l'on avoit ordonné à ung chacun aians chevaux non occupez à quelq'ouvrage de la ville, de les amener sur la Cousture ou Marché des Bestes(1) à peine de confiscation de ceulx qui seroient déliciant de ce faire, et ce pour veoir et prendre ceulx qui seroit propres pour monter de la cavallerie, notamment des desmontez qu'avions en bon nombre en ceste ville à raison qu'avions par trop peu de cavallerie pour nous défendre et avant de prendre lesditz chevaux, les faire estimer pour en cas qu'ils seroient tuez bleschez ou prins des ennemis, en restituer la valeur aux propriétaires, à quoy iceluy Sr duc donneroit sa lettre pour estre remboursez de tout, sur les domaines de Sa Maté : et pour plus grande asceurance seroit que la ville s'obligeroit à y satisfaire, en suite d'icelle sa promesse. Résolu que la ville s'obligeroit à y satisfaire, en suite d'icelle sa promesse. Résolu que la

(1) Aujourd'hui place Verte. Cette place fut aussi appelée Marché au filet, Cours Bourbon. (*Almanach de Valenciennes*, 1883 p. 89).

ville respondera et indempnera ceulx de qui on prendra les chevaux, en la mesme forme et façon qu'on respond pour les rentes sur les asennes.

Aux maistres de l'amonition pour subvenir aux frais d'icelle, fut ordonné aux massars leur compter mille florins.

Corps de garde sur les remparts Brasseurs.

Item aux maistres de la cour St-Denis 1200 lt. Fut adverty que les soldats s'estoient plaint de la bierre à 3 quartiers qu'on leur donnoit, qui estoit ralongée par les brasseurs avecq de l'eaue. Ordonné de faire brasser au mancau, et ce en quelque maison de religion, sans passer par la main des brasseurs, et en attendant icelle, leur en donner à trois vaiseaux.

Comme on avoit abbattu sur les murailles les corps de garde ordinaires, crainte que les ennemis ne les eussent abattus avecq leur canon, et pour ainsy faict dommage par remplissement des fossez ou aultrement, le Magistrat pour mectre la bourgeoisie faisant garde au seiche, fut authorisé d'appeler des vieswariers et prendre d'iceulx les tentes qu'on poldroient. pour accommoder nos bourgeois sur les dites murailles.

Item que les fermiers de bierre, s'estoient venu plaindre que personne ne venoit plus à la maltote, offrant de tenir note de ce qu'on recepveroit durant le siège, de sorte telle que pour en déposer paiement. Accepté leur offre pour à la fin y prendre tel regard que de raison.

Les ennemis commencent un pont de fascines au marais de Bourlain

Les ennemis voians que les cauwes montoient notablement au faux bourg Notre-Dame, et notamment à Bourlain; de sorte qu'ils ne se povoient plus bonnement communicquer, d'un quartier à l'aultre, commencèrent à faire un pont de fascines travers les cauwes audit Bourlain, cause qu'on envoia promptement au Jollmetz les deux pieces de canon des bersaux St-Anthoine et St-Gilles, oultre les deux fauconneaux qu'il y avoit ià, ce qui les incommodoit fort, mais ce pendant ne laissoient à travailler, sans avoir égard à la perte des gens qu'ils y faisoient.

Sur les midy en suite de l'ordonnance reprins cy desur, un chacun mena ses chevaux au Marché des Bestes et s'en trouva lors plus de 450 qu'on renvoia jusques au lendemain, à raison de empeschemens survenus.

Compagnies Bourgeoises

Ce jour fut ordonné que journellement monteroient en garde trois comp[ies] bourgeoises dont l'une seroit repartie touttes les nuicts, la moitié à la porte Montoise, et l'autre à celle de Cambrisienne. Et pour suppléer affin d'en avoir tous les jours 3, on ordonna que la compagnie de jeunesse seroit le 9e; de sorte qu'on feroit garde tous les 3 jours, et que ceulx descendans de la dite garde, continueroient à aller travailler aux fortifications, tant les bourgeois que la jeunesse.

Le dit jour, Jean Michel Jacquier monta en garde pour la première fois avecq sa comp[ie] nouvelle de bigorniaux, ainsy appelons-nous les soldats aux gages de la ville.

Escarmouche près du Vignoble

Les ennemis aians ce jour encommencé un fort sur le chemin qui vat au Vignoble et Bourlain, par lequel ils eussent empesché que personne n'eusse peu plus sortire par Notre Dame, et eussent par iceluy facillement ruyné les molins le Comte, nos espagnols, pour à ce remédier, nonobstant que le dit fort estoit presque hors de deffence et qu'il y avoit dedans environ 80 hommes pour le garder, y envoièrent la nuict quelques partis des leurs, dont les 15 envoyés devant pour descouvrir de prime abord, feirent une descharge qui meit les ennemis en fuite, et estans suivys de deux autres partis de 20 hommes chacuns. Iceux se rendirent maistres dudit fort, et desmolirent l'ouvrage que les ennemis y avoient faict, lesquels ennemis y abandonnèrent quantités d'espées, louchez, vallisses et faschines, que nos Espagnols victorieux rapportèrent.

Cette nuict arriva ung soldat du maître de camp Verkeest envoyé de la part de son dit maitre au duc de Bornonville, pour l'advertire qu'il n'avoit tenu à lui qu'il ne fut venu avecq aultres en ceste ville, pour nostre deffence avecq ses trouppes. Mais que dom Ferdinand Solis lui avoit commandé de ne sortir de son poste de Saint-Amand.

Mesures contre les paysans.

Le 20 comme on voioit quantité de villageois faire les fainéants, et qui ne se vouloient mectre au travail ny à la solde de ceste ville, au contraire qu'ils usoient journellement de menasches de piller la ville et autrement ; pour leur donner terreur, on drescha devant la maison de ville, ung gibet et devant la halle aux grains l'estrapade, ce qui les retint dans leurs debvoirs.

Le Magistrat demande des secours à don Juan d'Autriche

Ce jour, voiant qu'on n'entendoit aulcune chose du secours, Messgrs du Magistrat escripvirent lettre à dom Juan d'Autrice, l'advertissant de l'estat de la ville et l'espérance qu'on avoit qu'il nous viendroit bientost secourir. La dite lettre fut délivrée au duc de Bornonville qui imprint la faire addrescher.

Escarmouche à la porte Cambrisienne.

Il y eult ce jour encore une escarmouche hors la porte Cambrisienne ou plusieurs des ennemis furent tuez et bleschez et de notre part, y en eult aulcuns de bleschez.

Pont de fascines à Bourlain. On rompt de nouvelles digues.

Les ennemis continuans à travailler en diligence à leur pont de faschines à Bourlain, nonobstant les incommoditez que leur donnoient nos bigorniaux posez à la tourelle du Jolimetz et redoute de St-Ignace, d'aulcuns faux bourtiers vindrent offrir d'aller rompre une aultre dicque, par laquelle ilz feroient monter l'eaue plus de 3 pieds par desur leur besongne, ce qui se feit aussy. Mais aussy à fait que l'eaue haussoit ils remontoient leur pont avecq faschines, mais rien ne leur profitoit parce qu'ils ne la peurent jamais rendre au ferme.

On feit de rechef amener les chevaux oisifs au Marché des Bestes, mais il ne s'en trouva à beaucoup près tant

13

que le jour précédent, mais on ne laissa d'en prendre quantité, avecq lesquelz on monta plusieurs soldats, qui le mesme jour furent mis en exercice aux sorties ordinaires avecq notre cavallerie.

La nouvelle comp[ie] de bigorniaux de Pierre Collet monta la première fois en parade, forte d'environ 80 hommes, et alla prendre son poste hors Cambrisienne au quartier du Sr de Maugré.

MERCREDI 21 JUIN

Escarmouche hors la porte d'Anzin.

La nuict suivante, sur les 2 1/2 heures du matin du 21e, y eult des escarmouches assez furieuses hors la porte d'Anzin, à raison que les ennemis taschoient d'occuper ung poste hors ladite porte, en deça de St-Waast, d'où ils feurent repoussez avecq perte de quantité des leurs. Notre canon continuoit tousiours à tirer furieusement, et bien souvent sans occasion, les bourgeois et autres se plaisans à faire tirer au grand preiudice de notre défence, ce que je dict pour y mectre ordre en cas semblable. Le 21 Juin furent encore advouez quatre capitaines pour lever de l'infanterie scavoir Jacques des Gardins, Jehan Fiebvet, Mathias Bracq et Pierre Hacquo.

Conseil particulier. Affaires d'argent. Subsistance des troupes, etc.

Le conseil particulier fut assamblé et représenté, que le mayeur de la ville au lieu de 14316 florins, qu'il estoit content de furnire jusques à vingt mil florins, et sur quoy on lui avoit dresché une nouvelle obligation preste à signer. Ordonné signer la dite nouvelle obligation. Représenté de plus qu'en ceste conjuncture, il estoit du tout nécessaire de faire un grand fond d'argent, et qu'aiant mandé les principaux marchans et rentiers, tous s'excusoient de n'avoir argent à la main, les uns disans avoir le tout remis à Lille, Anvers, Gand etc.

Ordonné de lever argent à cours de rente au denier 14, et pentions au denier six, conditionnant qu'on en payera une année avant main, et qu'icelles ne seront rédimables à plus bas denier, et quant au paiement seroient préférez à touttes aultres, veue le service que ceux en donnant renderont en ceste conjuncture, et que ce pendant on appellera encore les principaux pour les induire à s'eslargir, voire de délivrer leurs vaisselles par estimation, pour en forger monnoye en cas de besoing, de plus, de se servir des argens de pupiles qu'on rencontrera, en créant rente de la portance sur la ville.

De plus député Deschamps eschevin et Le duc du conseil particulier, pour se transporter promptement au Mont-de-Piété pour y inventorier toutes les argenteries et or qu'il s'y rencontrera pour aussi s'en servir au besoing,

Item fut ordonné de présenter au Sr de Maugré, au colonel Desforce et au major Fareau à chacun une filliette de vin.[1] 3 jambons et 6 langues seiches ; le tout tant pour eux que pour leurs capitaines.

Les massars se sont offerts de payer gratis les soldats nouveaux levés pourveu leur furnire argent, mesme leur distribuer le pain de munition en cas qu'on trouve bon de leur donner. Accepté l'offre des dits massars, ordonnant aussi de donner le pain de munition à nos soldats, en suppliant le duc de Bornonville de vouloir pour ce subiect, suivre le grain de munition du Roy ; à faulte de quoy se servir de cestuy des assennes, que les massars ont eu main. Adverty qu'un poudrier de Douay, enclos par cas fortuit en ceste ville, offroit de drescher ung molin à poudre, avecq lequel il fabricqueroit 12 à 1500 l. de poudre par sepmaine demandant pour le placer sur la riviere d'Intel tenant le molin du Fossart demandant 15 jours pour l'ériger. Résolu d'accepter l'offre dudit poudrier pourveu d'informer auparavant ce que le dict molin poldra couster.

Comme les molins à eauc avoient du mal de pourveoir

(1) « La filliette de Maugré 53 florins, les 2 autres à 52 florins chacune ». (S. L. B.)

le peuple des farines nécessaires, on authorisa le Magistrat de faire faire en diligence des moulins à bras, autant qu'il sera de besoin pour accomoder les povres gens estans en nécessité de moulage.

Comme un chacun ne s'estudioit qu'à desrober les instrumens que la ville livroit pour travailler aux fortifications, que oultre la perte tournoit au grand préiudice de la ville ; par ban publicq fut défendu à un chacun en général d'achapter poudre, balles, mesches, louchez, pelles, picques, hauwes, etc., sans au préalable les avoir représentez au Magistrat, à peine de fustigation de verges, ou aultrement pugny à l'arbitrage de justice.

Item fut aussy ordonné et commandé à un chacun aiant quelque place couverte d'estrain, de les mectre incontinent bas, comme aussy touttes moyes de fagotz, les défaire et mectre promptement à couvert le tout à la crainte des bombes que les ennemis poldroient jecter dans la ville, le tout à telle peine arbitraire qu'on trouvera convenir.

Philippe de Briastre monta en garde avecq sa nouvelle compie de bigorniaux pour la première fois.

JEUDI 22 JUIN
Escarmouche à Poterne. Batterie installée au Jolimetz.

Le 22 dud. mois sur les deux heures du matin, les ennemis vindrent avecq trois gros de cavallerie vers la corne qui est à vis du bolverc de Poterne (1) que gardoit le major Fareau, avec le régiment de la Mottrie, et se retirèrent sans rien faire, notre canon jouant tousiours à l'ordinaire.

Le matin come on s'apperceut que le poste du Jolimetz incommodoit grandement les ennemis, on commencea à y ériger une batterie,(2) pour y poser 5 à 6 pièces de canon.

Messieurs du Magistrat acceptèrent encore pour capitaine

(1) Ouvrage à corne no 31 placé en capitale du bastion 30 à droite de la porte Poterne.

(2) « Ceste batterie fut peu élevée, cause que l'eaue la couvra comme voyrez cy après. » (S. L. B.)

Albert de Briastre qui estoit la 9eme nouvelle comp^{ie} de bigorniaux.

Conseil particulier

Le conseil particulier feut assamblé, ou le duc de Bornonville se trouva, et après qu'il eult fait diverses propositions, il se retira et fut par après résolu ce qui suit :

Formation des cadres des bigorniaux, leurs gages, leur subsistance.

Premier. scavoir quel gage on donneroit aux officiers des nouvelles comp^{ies} d'infanterie dit birgornieux.

Ordonné aux capitaines cent liv. t. à chacun par mois, aux alfarez à chacun 40 t. aussy par mois, qu'à chacune comp^{ie}, y auroit un sergent et deux corporaux aux gages, comme ont ceulx de la vielle comp^{ie} des bigornieux. Et pour les encourager, oultre leur gage durant le siège, leur sera donné le pain de munition, scavoir aux cap^{nes} à chacun 3 pains, aux alfarez 2 pains et à tous aultres officiers et soldats, chacun un pain.

Comme les soldats de la garnison coustoient beaucoup tous les jours en rafreschissemens, fut ordonné de les faire contenter par les bourgeois, soit de les nourrir, ou de donner à chacun soldat six patars par jour.

Représenté que le duc de Bornonville avoit accordé que poldrions prendre du grain au magazin du Roy pour faire pain de munition pour nos bigornieux : mais advertissoit qu'il estoit impossible de faire du pain passable avecq ledit grain qui n'estoit seulement bon que pour les bestes.

Résolu que l'après-midy se fera en espreuve par divers boulengers, en mectant les 2[3 du grain du Roy et 1[3 de cestuy des Assennes. Item en autres façons la 1[2 du grain du Roy et l'aultre 1[2 de cestuy des Assennes, et en fin les 2[3 du grain du Roy et 1[3 du bon bled qu'on poldrat achapter.

Ordonné à la requeste dudict duc, de donner quelques rafreschissemens aux bigornieux estans à la Tourelle, et aux faux bourtiers estans de garde à la redoute proche la fontaine de Notre-Dame.

Mont-de-Piété

Représenté qu'en suite de la résolution du jour d'hier, les députez avoient esté au Mont-de-Piété pour y inventorier les argenteries y estantes, et qu'ayans bien fort avanchez, plusieurs manans y aians leurs bagues estoient venu aveeq ung terrible tintamarre, ce que voyant le maître dudit Mont il avoit dict, qu'il ne se permecteroit pas que l'on iroit plus avant, et que si on y vouloit aller par force qu'on le pouvoit faire.

Résolu de statuer et de tenir ceste affaire en surséance.

Distribution de pain

Authorise le Magistrat de faire cuire quelque quantité de pain pour le faire distribuer aux povres mesnages et gens affligez, jusqu'à la valeur de 300 t.(1)

Adverty qu'on avoit recouvert un moulin à cheval(2) pour moudre et divers aultres à bras, et que l'on s'offroit d'en faire encore ung à cheval et aultres à bras.

Ordonné les faire faire en diligence, authorisant les massars d'en payer les frais.

Représenté qu'on avoit le jour d'hier convoquez nombre de principaux bourgeois pour les induire à advancer argent à rente ou pention, et qu'il n'y avoit eu que Jehan Lesage qui avoit offert 700 fl. à rente au den. 14 et un——— Serretz qui avoit offert de donner quelque bled et orge peu important pourveu paiement.

Harnachement de la cavallerie.

Comme il estoit question de furnire selles et brides aux chevaux qu'on avoit levez pour monter de la nouvelle cavaillerie, scavoir si la ville en responderoit et où les prendre.

Résolu les prendre sur les marchans, et que la ville en

(1) « Le Magistrat avait ordonné d'en distribuer au doyen de Cambray 170 t. et à cestuy d'Arras 130 t. pour les distribuer à leurs pasteurs, pour les donner à leurs paroischiens, mais ce dépens fut retracté et fut donné 1200 pains au lieu d'argent » — (S. L. B).

(2) « Noté qu'un moulin à cheval moulait en 12 heures 20 mencau de bled fort à l'aise. » (S. L. B).

respondera, en prendant l'obligation du duc de Bornonville, par laquelle il s'obligera nous en faire rembourser sur les assennes de Sa Majes^{té}, et que la valeur des chevaux et harnichements soit sceu, à qui il fut lors dit par l'eschevin Huez comis à ce, qu'on avoit retenu 156 chevaux revenant à environ 30 patacons chacun l'un parmy l'autre.

Vendredi 23 Juin — Les ennemis continuent leur pont de fascines

Le 23, les ennemis ne scachant venir à bout de leur pont de faschines à Bourlain commencèrent dès la mi nuict, à travailler des deux cotez. Partie apportans faschines, du coté de Fontenelles, et d'autres du coté des Pierres-Jumelles, emploiant à ce faire et porter plus de six mil de leur cavallerie, ce qui les lassoit et incommodoit fort. Oultre quoy, la batterie estant autant qu'achevez au Jolimetz, on y mena ce jour deux canons des « apostres, » oultre celles qui y estoient, lesquelles faisoient bien grand mal aux ennemis dont quantité y laissèrent la vie.

On ordonna par ban publicque à tous mannans du faux bourg Notre Dame refugiés dans la ville, de retourner audit faux bourg pour y travailler aux fortifications, et y faire garde à peine de pugnition arbitraire.

Conseil particulier. Subsistance des troupes, etc., etc.

Conseil particulier où fut réprésenté qu'on avoit faict espreuve du grain come desur est reprins, pour faire pain pour nos bigorniaux vieux et nouveaux, et qu'on avoit trouvé que cestuy lequel estoit fabricqué de la 1/2 du grain du Roy es de la 1/2 des assennes estoit bon et passable.

Ordonné le faire de la sorte, et faire lesdits pains du pois de 3 lt. chacun, pour les distribuer tous les 2 jours qui est 1 1/2 de pain par jour pour chacun soldat.

A la cour St-Denis pour payer les ouvriers la some de mille florins.

Si fut représenté que l'ordonnance du jour précédent touchant la nourriture des soldats, ne povait apporter que de la confusion, et qu'en aiant communicqué avec le duc de Bornonville, iceluy avoit promis de donner une liste exacte du nombre desdits soldats, effectifz qu'il y avoit en la ville, tant de cavallerie que d'infanterie, et sembloit qu'en donnant à chacun soldat une lt. de chair et un lot de bierre mesure du temps, qu'il se contenteroit. Authorisez le Magistrat, de donner à chacun soldat 1 lt. de chair et ung lot de bierre come desur par jour, et ce de la bierre au mencau, la faisant brasser en quelque monastère, et par quelque uns se meslans d'en faire, sans passer par les mains des brasseurs.

Et pour les frais, au lieu de les prendre comme en estoit dit le jour d'hier, fut ordonné de taxer tous les bourgois à quelque somme suivant sa puissance à payer toutes les sepmaines et à commencer a demain, sans spécifier à quel prix chaque soldat seroit nourry, affin qu'iceulx ne molestassent les comis que le Magistrat y commectoit ny autres leur povant dire n'avoir la valeur du taxement, etc... et en ceste collecte faire contribuer ung chacun, tant ecclésiastique, nobles, magistrats, conseil et tous officiers, tant du Roy que de la ville.

Lecture d'une lettre de M. de Caracène au duc de Bornonville l'engageant en attendant des secours à former des troupes et des cadres.

A ce conseil fut monstré par le Magistrat, une lettre que le duc de Bornonville avoit reçue du marquis de Caracène, laquelle estoit en chifre, et estant translatée, estoit telle que s'ensuit :

MONSIEUR

Les nouvelles que nous recepvons de tous costez que l'ennemy a prins poste devant la ville, et le défaut que nous avons de vos lettres, nous causent l'ennuy que vous pouvez vous imaginer. Il est vray que nostre consolation est en vous, et est très grande d'avoir une personne come vous dans l'asceurance que vous retarderez de telle sorte les progrez des ennemis, que vous nous donnerez temps de vous secourir come l'on a résolu de faire dans une jointe que l'on a faict a Notre Dame de Halle, avecq Monsieur le Prince de Condé, et dans fort peu de jours nous aurons l'armée jointe. S A. partira demain d'icy, cependant elle m'a commandé de vous dire qu'en toutte façon vous procuriez de former des Comp[ies] des gens qui sont refugiez dans la place, et en faire des corps de tous, avecq des sergeans majors, et s'il y a quelque personne si considérable que pour estre maistre de camp, et qui ait du crédit, pour former un terce, vous le pouvez faire; et on ordonnera après les patentes pour les billets que vous aurez donnez, et s'il est nécessaire de faire des autres officiers, et particulièrement de l'artillerie vous les pouvez faire.

L'on a dict icy, que l'on pouvoit inonder une grande partie des environs de la place, il seroit nécessaire, que vous nous avisassiez si cela est ainsy, et de quel costé l'on peut faire ceste inondation, et la faire si elle peut réussir, affin que quand nous tanterons les secours, cela ne nous empesche d'entrer dans la place, en nous donnant parte distinctement des postes que l'ennemy occuppe et des quartiers qu'il at formé, de celuy qui est le plus fort et le plus faible, et enfin nous fiant du tout en ce que vous jugerez convenable à donner secours à une ville, pour laquelle il fault tanter tout pour tout, come il est resolu de faire. Vous le pourez dire à ceulx du Magistrat au nom de S.A. et de ma part; et que ie ne mancqueray d'assister Sadite Alt[e] en ceste occasion, de tout le peu qu'elle se peut promectre de moy et avec ma propre vie. Vous communicquerez la présente à Francisco Menesse, et vous lui direz que ie ne lui escripts pas, a cause que je n'ay pas de ciffre avec lui et qu'il l'estime escripte à lui-même. Et qu'en ung mot, je désire qu'il vous assiste, estant très certain qu'il le fera, je suis sans fin Monsieur...

Plus bas il y avoit :

Votre très humble serviteur,

(Signé) LE MARQUIS DE CARACÈNE.

En langage intelligible sans chiffre y avoit à costé :

Après avoir escript la présente, j'ay eu ordre de S. A. de vous dire que vous povez asceurer le Magistrat sur sa parolle, que les despences qui se feront durant le siège, seront payées et faictes bonnes en temps et lieu.

A Bruxelles, le 18 juin 1656. M. le duc de Bornonville.

L'ennemi installe une batterie aux Pierres-Jumelles.

Le susdit jour 23 Juin à l'après-midy, les enemis aians posez vers les Pierres-Jumelles, quelq. pièces de canon en tirèrent aulcuns coups sur le Jolimetz. Mais comme le canon de notre rempart les incommodoit jusques à démonter l'une de leur pièces; ils les retirèrent bientost, et cessèrent leur tirage.

Les femmes nécessiteuses sont employées aux fortifications

Environ les six heures du soir, fut publié par la ville que touttes femmes et filles estans en nécessitez, auroient à se trouver le lendemain matin, la parte quon leur ordonneroit pour aller travailler aux fortifications avecq hostes, et quon donneroit à icelles du pain pour les assister a vivre : ce qui se feit. Et s'en trouva bon nombre quon emploia à la besongne.

On reçoit une lettre de S. A.

La nuict on receut lettre de S. A. en date du 20 juin. de la quelle vous aurez incontinent la copie.

SAMEDI 21 JUIN

Surprise tentée sur le quartier des Lorrains

Le 24 environ les 4 heures du matin le capitaine Boutry, et Jean Merchiez, hoste du « *pot d'estain* » furent avecq partie de la chevaillerie donner une allarme au quartier des Lorrains vers Fontenelles. Et réussirent assez heureusement; mais le grand nombre des ennemis qui se vindrent fondre sur eulx, les feirent retirer avecq bon ordre, nen aiant que quatre des leurs bleschez, l'un en péril de mort, et des ennemis y en eult nombre de tuez et bleschez.

Conseil particulier. On fait lecture de la lettre de S. A.

Le conseil particulier fut assamblé pour faire part a iceluy de la lettre qu'on avoit receu la nuit passée de S. A. laquelle n'estoit qu'un duplicata de la principalle, icelle estant en Espagnol dont le translat estoit telle :

Oultre ce que je vous ay escript par la voye ordinaire, j'ay volu réitérer par ces lignes de ma main, la bonne volonté et promptitude avecq laquelle je me suis disposez a engager ma propre personne au secours et délivrance de si bons et fidèles vassaux. Citost que j'ai sceu que les ennemis vous avoient assiegez, à quel effect je parte aujourd'huy de ceste ville, espérant en la miséricorde de Dieu par l'intercession de sa saincte mère, de arriver prestement a la veue des ennemis avec toutte l'armée, et d'obtenir le bonheur dont nous avons besoing pour les mectre en desroute. Et combien que à des si bons subiectz il n'est besoin d'aultre esguillon que leur propre fidélité, et l'interest de leur propre conservation; néantmoins je vous ay bien voulu faire aulcune remonstrance de la grande affection que je vous porte, en vous offrant de procurer de bon cœur auprès du Roy Monseigneur a effect qu'il soit servie de vous accorder aucun previlège particulier et à la communaulté de la dicte ville en recognoissance de la grande affection que je ne doubte point que apporterez a votre deffence. Assistant et secourant le Comte de Hennin Votre gouverneur, aultant qu'il sera expedient et poudrez contribuer a la dicte deffence, auquel j'escript en lui ordonnant que en son temps qu'il ait a m'adviser des personnes qui se seront particulièrement signalez en ceste occasion, affin que je leur procure aussy du Roy Monseigneur, aulcune marcque de noblesse et aultre tiltre d'honneur selon la condition et qualité d'un chacun, de mesme aussy je vous ay voulu advertir que tous ceux qui avanceront quelque somme de deniers, au secours de la présente nécessité, on leur donnera prompt et effective satisfaction. A quoi je engage la parolle Royalle de Sa Maté et la mienne, vous exhortant derechef en nom Royal affin que vous travaillez en tout et partout come je me doibtz asseurer, de l'exemple de votre fidélité. A tant notre Seigneur, etc. De Bruxelles le 20e de Juin 1656. *(estoit signé)* D. JUAN. *et la superscription estoit :* « Al Magistrad de Valenciennas, dupdo ».

Duplicata de la main de S. A.

Il fut demandé audit conseil sçavoir, si on publierait ladite lettre au peuple, ou si on se contenteroit de l'enregistrer dans les registres de la ville.

Résolu de ne la publier ains se contenter de l'enregistrer tant au registres du conseil particulier que cestuy des Choses Communes et ce tant en langue Espagnol comme elle estoit, que le translat en françois.

On place de nouveaux canons au Jolimetz.

Come les ennemis continuoient tousiours en diligence leur pont de fascines a Bourlain, on trouva bon d'envoier le matin un quart de canon dit « Evangelistes » au Jolimetz, avecq lequel on les incommodoit beaucoup.

Après-midy notre Magistrat receut la lettre originelle escripte de la propre main de S. A. laquelle estoit conforme de mot à aultre au duplicat susdit.

Envoi d'argent au duc de Bornonville.

Le duc de Bornonville comte de Hennin etc... receut par le mesme chemin une remise de S. A. portant vingt mil florins par lettre de Jean Wicart, paiable en années, que le dit Sr Duc négotia avecq quelques marchands de ceste ville et qui lui vint bien à propos.

Ce soir à raison du siège ne se feirent les feuz de la St-Jean.

Réponse du Magistrat à la lettre de S. A.

Le dit soir, l'on renvoia cestuy aiant apporté la susdite lettre de S. A. originelle, avecq la responce de notre Magistrat et advertissant ladite Altesse de notre bonne résolution, et quen suite de sa lettre, nous serions attendant le secours quelle promectoit.

Sur les unze heures de nuict on meit un falot avecq tourteaux ardans au bout du belfroy, pour donner advertence de la réception des susdites lettres de S. A.

DIMANCHE 25 JUIN

Nomination d'un capitaine

Le 25, le Magistrat advoua encore et receut pour capitaine d'infanterie ou bigornieux, Henri Monceneulle, lequel faisoit la dixièsme nouvelle compagnie.

Conseil particulier. Subsistance et solde des troupes. Prisonniers.

Le conseil particulier fut tenu, lequel authorisa le Magistrat de donner provision de vivres pour aulcuns jours, voir de 5 ou 6 jours aux soldats estans dans la Tourelle, au Jolimetz et redoute de St-Ignace et des moulins le Comte à raison qu'ilz estoient au meilleu des cauwes et ne pouvoit estre abordé que par batteaux.

Le duc de Bornonville feit requérir qu'on voudroit désigner une place, pour y mectre les prisonniers qu'on faisoit journellement sur les ennemis, leur faisant aussy administrer pain fromage et bierre.

Le conseil accorda la maison de Jean de la Gourdine, pour mectre lesdits prisonniers, et leur donner à chacun repas une pinte de petite bierre.

Le capitaine de nos vieux bigornieux remonstra que ses gens estoient en nécessité, remonstrant qu'on leur debvoit trois semaines de leur gage, requérant qu'on leur en voudroit payer les 15 jours.

Ordonné leur payer lesdits 15 jours ce pour quoy furny 1200 lt.

Canonniers et mineurs

Représenté qu'on avoit apperceu dans la ville plus de trente bons canoniers et plus de vingt mineurs : scavoir si on les prendra à la solde de la ville et à quel traitement.[1]

Ordonné retenir le tout, authorisant le Magistrat pour trancher avecq eulx des gages qu'on leur debvera donner.

Le Magistrat ordonne des messes afin d'implorer le secours des saints tutélaires de cette ville St-Saulve et St-Gille

Le dit jour MM. du Magistrat, pour implorer de Dieu notre délivrance ordonnèrent d'implorer le secours des saints patrons tutélairs de ceste ville. Et pourquoy qua demain 26, se chanteroit une messe solemnelle en l'église St-Nicolas à l'honneur de Monsieur S. Saulve, apostre de ceste ville ou sa fiertre estoit ; et que devant icelle se présenteroit un cierge et que deux Eschevins qui seroient comis se trouveroient à ladite office.

Item que pareil debvoir se feroit le mardy 27 Juin en l'église de l'Hostellerie, à l'honneur de St-Gilles patron de

(1) « Le nombre des cannoniers fut trouvé jusqu'à 20 et les mineurs à 38. » S. L. B.)

ceste ville, lui présentant aussy un cierge, lesquels debvoirs se feirent, et ou la musicque ne fut espargné.

L'ennemi achève une seconde ligne de palissades

Le dit jour suiv. le raport des prisonniers les ennemis eulrent a élevé une seconde ligne environné de palissades de mesme questoit la première.

LUNDI 26 JUIN

Pont de fascines de Bourlain

Le 26 du matin, le pont ou dicque de fascines a Bourlain qui contenoit en longueur plus de deux mil pas se trouva rataint de part et d'autre, mais ne laissoient encore à y porter fascines tout le long de la journée. Apparament pour légaller par tout, mais ne s'en pouvoient bonnement servire à raison des eauwes qui montoient tousiours, et labordoit. En sorte qu'icelles le faisoit élever et bransler, de façon que la cavaillerie n'y povoit passer et l'infanterie avoit du mal assez.

On restreint le feu des batteries

Ce jour fut mis ordre, pour le tirage de notre canon affin despargner nos poudres, et ne fut tiré si matin que les jours précédents. Et estoit les 9 heures du matin avant qu'on en laschasse aulcune pièce. Au lieu que dordinaire on commençoit tousiours sur les 2 1|2 heures ou 3 heures du matin.

Taxe pour la nourriture des troupes

On publia par la ville que pour la subsistence des soldats et pour n'incommoder les bourgeois de les nourir come en tel cas de siège il se praticquoit, on avoit trouvé bon de taxer un chacun le plus mediocrement qu'on avoit sceu faire, pour satisfaire à leur nourriture. Par ainsy se faisoit commandement exprès, quun chacun auroit à satisfaire a son taxe de bonne volonté et sans faire aucun trouble.

En suite de quoy on commencha à recepvoir ce mesme jour le taxe susdit qu'on avoit conclu lever et continuer toutes les sepmaines, mais il ne fut levez que ceste seule fois, à raison de diverses difficultez quon y rencontra et notablement, en ce qu'il n'estoit pas faict au contentement de plusieurs, par n'estre fort égal et plusieurs non taxé, comme il eult bien convenu faire.

Inondations au faubourg N.-Dame. Batterie inondée. Avetage des canons

Les eauwes montans de jour en jour estrangement au faubourg notre dame en sorte telle que l'on y voioit plus que le bout des arbres y rester et comblage des maisons, et qu'au Jolimetz par avoir fait la batterie trop basse, nos cinq pièces de canon y estans se trouvèrent presque couvertes d'icelles : de sorte qu'on ne les pouvoit plus tirer ce qui occasionna que l'après midy dudit jour on feit sortir par la porte de Notre-Dame, une barcque aveeq laquelle on alla rechercher les susdits canons quon vint décharger vers Cambrisienne. Mais les batelliers et ouvriers en les deschargeans, laissèrent tomber « l'Evangelliste » qui estoit la plus grosse pièce dans le fossez de la ville, et y demeura jusques au lendemain, que lors on eult bien du mal de l'avoir dehors.

Le Magistrat écrit une lettre à S. A. demandant un prompt secours

Le Magistrat aians derechef escript le 25 de ce mois à S. A. et delivré la lettre au duc de Bornonville ; par icelle sadite A. estoit supplié de nous venir bien tost secourir, l'advertissant de l'estat de la ville. Ceste lettre fut envoyez par ledit S^r duc au maistre de camp Verkeest à St-Amand, pour la faire tenir à S. A. Et ce jour on eut advis dudit Verkeest qu'il avoit bien receu les lettres, advertissant qu'il les avoit délivré au marquis de Caracène a raison que sadite A. estoit ia passez vers Douay, advertissant aussy que le prince de Condé avoit aussy passé aveeq ses trouppes audit St-Amand, marchant vers Douay pour joindre celles de S. A.

Ouverture des tranchées par les ennemis, escarmouche aux portes Montoise d'Anzin

Au soir on meit un fallot aveeq tourteaux ardans au belfroy pour advertir qu'avions bien receu les susdites lettres de Verkeest.

Sur le soir les ennemis commencèrent l'ouverture de la trenchée vers la ville, hors la porte Montoise et ce en deux endroicts ; l'un commençant du Cœur Dollant, et l'autre sur le chemin de Mons.

Les gardes franchoises venans droit au bolverc de Poterne au loin de la rivière avanchant leurs ouvrages d'environ 300 pas, et les Suisses venant droit à la demie lune de Montoise, avancèrent bien 350 pas. Ce qui donna une grande allarme dudit quartier de montoise sur les unze heures de nuict, et notre canon joua furieusement jusq. le lendemain à 8 heures du matin. Et de mesme du quartier d'Anzain, où ils avanchoient aussy en la ruiele derrière la Fontaine de Ne-Dame. Ce pendant nous ny eusmes personne de tuez et bleschez, mais des ennemis y eult quantité de tuez et bleschez, tant de notre canon que de la mousqueterie.(1)

MARDI 27 JUIN. *Conseil particulier. On décide d'aller trouver M. de Bornonville pour adresser une nouvelle supplique a S. A., etc...*

Le 27 juin fut encore assamblé le conseil particulier, pour scavoir si l'on ne trouvoit bon d'escripre de rechef a S. A. afin quelle nous voudroit bientost venir secourir.

Résolu de faire le debvoir en deputans aulcuns du Magistrat pour aller trouver monsieur le duc de Bornonville, pour le requérir de faire donner adresche à ladite lettre, et d'un chemin lui remonstrer que nos compagnies bourgeoises avoient achevez tous les ouvrages hors la porte d'Anzain, et le prier qu'il voulust permectre quils iront à l'advenir travailler sur les murailles aux parapectz, affin de pouvoir estre couvert contre le tirage des ennemis.

A la cour St-Denis pour payer les ouvriers fut ordonné aux massars leur furnire mille florins.

Scavoir où on trouveroit argent veue que personne ne s'avanchoit d'en donner a rente, pention, ny autrement, et que la somme receu du mayeur estoit presque espuisez.

(1) « Le mesme jour sur les dix heures du matin, l'ennemy amena une pièce de canon dans la massure du faux-bourg Cambrisienne, duquel lieu il tira quattre coups de canon sur la tourelle des Jésuites pensant la ruiner mais sans effect. » (B. 317, R. 32).

Résolu de prendre les namptissemens que le prevost de la ville peult avoir en son ferme, comme at encore esté ordonné cy devant, et de plus prendre du recepveur des impots nouveaux, tout ce qu'il peut avoir en mains, notament lespargne quil poldroit avoir faict pour rembourser Pierre Velericq au 7bre prochain les six mille florins qu'il avoit presté à ceste ville, comme est reprins au conseil du 21 d'apvril dernier.

On fait une demi lune près de Poterne.

Ce jour d'huy fut encore encommencé une demie lune dans la pasture de S. Jean proche Poterne, où on feit travailler tous les porteurs au sacq et autres, et fut achevé en peu de jours.

Sortie contre les retranchements de la porte Montoise.

La nuit suiv. nos soldats et quantité de bourgeois en nombre de plus de mil home feirent une sortie sur les ennemis hors la porte Montoise, et furent jusques aux tranchées et boyaux qu'ils avançoient fort. L'escarmouche y fut fort grande et dura bonne espace sans y avoir perdu des notres fort qu'un soldat bleschez. On avoit chassé les suisses de leurs boyaux, mais voiant quil leur venoit un puissant renfort les notres se retirèrent aveq bon ordre.

MERCREDI 28 JUIN.

On abat la chapelle des Ladres.

Le 28 come les ennemis avanchoient en diligence leurs boyaux hors Montoise, on trouva bon d'abattre la chappelle de St-Michel dit des Ladres[1] laquelle on feit en partie sauter et au surplus fut mis le feu.

Moulin à poudre.

Le Magistrat par acte signé Pamart, ordonna aux surintendans de lamonition de faire prestement ériger le molin a poudre dont est fait mention au conseil du 21 de ce mois. Sur quoy iceux surintendans ordonnerent aux maistres de ladite amonition de le faire sitost mectre à exécution.

Ordonnance du Magistrat pour des prières publiques.

Iceluy Magistrat ordonnèrent et feirent imprimer l'ordonnance suivante pour implorer l'assistence divine a notre secours.

(1) Chapelle de St-Michel-Archange, hors des murs, consacrée en 1049 par le pape Léon X. (*Statistique Archéologique du Nord*, p. 70).

« MESSIEURS DU MAGISTRAT *de ceste ville font scavoir à tous, que pour esmouvoir notre Dieu à la miséricorde et à la délivrance du présent siège par l'intercession de la sacré Vierge, ont résolu de faire célébrer chacun jour à neuf heures le S. Sacrifice de la messe solennel avec la musicque aux églises cy après déclarées.*

Si comme en l'église de S. Pierre le 29 juin 1656 a lhonneur de Dieu, de Ne Dame de Milan et dudit glorieux apostre a dix heures pour ce jour.

Le 30 dudit mois en l'église des Pères Jésuites a l'honeur de Ne Dame de Consolation à 9 heures come dit est.

Le premier de julet en l'eglise de la Chaussée a l'honneur de Ne Dame du Puis.

Le dimenche 2 dudit mois, en l'église de S. Jean a lhoneur de Notre Dame de Montagu, là où se fera prédication à loffertoire par le R. P. jésuite.

Le Lundi 3, en léglise de Notre Dame la Grande en la chappelle de Ne Dame de Halle.

Le mardi 4e en léglise des PP. Dominicains(1) *a lhoneur de N. D. du Rosaire.*

Le Mercredi 5e en l'église des Pères Carmes(2) *a l'honneur de Notre Dame du Scapulaire.*

Le jeudy 6, en léglise des pères Recollects(3) *invocant le secours de Ne Dame des Sept-Douleurs.*

Et le vendredy 7 dudit mois, en l'église de S. Vaast a l'honneur de la tres sainte Trinité et de Ne Dame de Bonsecours.

Estant un chacun invité, par mesdits Seigneurs du Magistrat, de comparoistre et contribuer à ce bon œuvre par ses vœux et prières. »

Arrivée de l'armée de secours a Bouchain.

Environ les deux heures et demi après-midy, on entendit descharger 14 à 15 coups de canon laschez a Bouchain, par lesquelz on s'asceuroit de l'arrivé de S. A. et de son

(1) C'est au travers du vaste espace qui contenait les constructions des Dominicains qu'on a percé au commencement de ce siècle, la prolongation de la rue des Foulons et d'Oultreman. (*Mém.* t. IV, p. 151).

(2) Rue de Lille à l'endroit où s'élève maintenant le quartier de cavalerie.

(3) L'église St-Géry actuelle.

armée illecq. Sur les quatre heures Me Caron lieutenant de la compie d'infanterie de S. E. le comte de Buquoy, laquelle estoit de garnison en ceste ville traversant avecq son cheval le quartier des Lorrains entra heureusement dans la ville.

Divers travaux des ennemis.

Les ennemis porterent encore toutte la journée des fascines a leur pont ou dicque pretendu de Bourlain comme ils avoient encore faict le jour précédent, sans en scavoir venir a boult, a raison que les eaux montoient journellement.(1)

JEUDI 29 JUIN.

Les lignes de communication des ennemis furent entièrement achevé, et ils travaillèrent fort à ériger deux batteries hors Montoise.(2)

Conseil particulier, pain pour les troupes. Nomination des colonels des Cies bourgeoises etc.

Le susdit 29 Juin le conseil particulier fut assemblé,(3)

(1) « Le poste et quartier du Sr Mre de Camp Menesses fut changé ayant avec son régiment prins la défence de la demie lune de la porte Montoise, avec les contrescarpes et poinctes en dépendantes iusques et exclus le bastion derrière lesdits R. P. Capucins. qui resta au Sr de Fort Lieutenant Colonel... auquel fut depuis ionct. — D. Francisco Davila, avec quelques nouvelles compagnies des 5 qui luy avoient esté données en terce. - Auquel cour fut aussi déclaré au conseil de guerre ledit Sr Fariaux, Me de Camp, avecq pareilles cincq compagnies. de nouvelles levées à luy aussi données en terce, qu'il accepta pourveu demeurer au commandement du régiment dudit Sr de la Mottry, que luy fut accordé.

Le régiment dudit Sr Duc à la Porte Cardon et ouvrages en dépendans iusques au bastion des R. P. Capuchins.

Ledit Sr de Fort à la demie lune de Beaumont, l'autre lune... iusques à la demie lune Cardon aux Cies nouvelles commandées par le Sieur Davila à son absence par le S. Limosin...

La corne de Bournonville contrescarpes... jusques à Cardon, soubs ledit Sr Maugré.

Le Sr Fariaux avec le régiment du Sr Cte de la Mottry à l'*Hoornwerck* ou corne devant le bastion de Poterne...

Les portes d'Anzain et Tournisienne aux Cies bourgeoises et de la ieunesse sous le commandement a Anzain, d'un capitaine espagnol nommé Caraval. A Tournisienne d'un capitaine du régiment de Bornonville...

Le soing du fauxbourg Nostre-Dame et les postes advancez fut donné au Sr Franchois Husson capitaine de Bigornieux.

Le mesme jour est arrivé le Sr Caron cap. lieut. de la Cie du Cte de Buquoy ladite Cie postée à la corne de Bournonville... » (R. 31)

(2) « ... l'une munie de sept gros canons la plupart de 35 à 31 livres de calibre, et l'autre de six pièces. » (R. 37)

(3) « Moy absent. » (S. L. B.)

où fut représenté que le duc de Bornonville avoit remonstré que Jean Wicart commissaire des vivres, n'avoit plus de charge de livrer le pain de munition aux soldats, que jusque et inclus le 30e de ce mois et par ainsy qu'il y falloit pourveoir puisque lesdits soldats ne pouvoient rendre service sans cela, advertissant que le commissaire Zagastizanal estoit content livrer ledit pain pourveu lui déclarer partie du bled des assennes pour le mesler avecq cestuy du Roy: ordonné lui faire livrer par les massars du bled des assennes à concurrence de la 1/2 contre le grain du Roy.

Adverty que icceluy duc de Bornonville avoient dénomez le major Fareau et le Sr Francisco d'Avilla pour colonels de nos dix nouvelles compagnies de bigornieux, ce que ce conseil eult pour agréable, leur donnant pouvoir de lever chacun une compagnie coronelle.

Authorisez le magistrat de donner un rafreschissement aux officiers majors. Le Magistrat leur ordonna à chacun une pièce de vin, ung mouton et 3 jambons estant en nombre de .....

Authorisez aussy le Magistrat de donner quelques rafreschissements aux compies bourgeoises.

On leur donna à chacune compe, 3 tonnes de bierre et a la compe de la jeunesse 2 tonnes ensemble 26 tonnes.

L'armée de secours se montre du côté d'Haspres et de Douchy.

Sur les cincq heures du soir, on aperceut de nos thoures l'armée de S. A. qui venoit a notre secours et estoit espais à Haspres Douchy et ses environs.

Ce jour à raison du siège ne se feirent les feux ordinaires du jour St-Pierre.

Attaque des tranchées ennemies par nos espagnols.

Environ les dix heures du soir nos Espagnols et autres, feirent une sortie sur les tranchées des ennemis hors Montoise, et s'avancèrent jusques dans leur travail, et deffirent entièrement le régiment du mareschal de la Ferté Senneterre, et en tuèrent plus de 150.

Prindrent et rapportèrent leurs instrumens de travail,

si come pesles, louchez, picques et plusieurs armes. Nous n'y eusmes qu'un soldat tué et 7 à 8 de bleschez, et ce par nos gens propres, et par non povoir, à cause qu'au retour ilsprindrent le chemin contraire à celuy qu'ils avoient dict de faire à leur partement, de façon que ceulx estans aux contre scarpes croians que cestoient des ennemis donnèrent une descharge sur eulx.

VENDREDI 30 JUIN. *Commencement du bombardement*

Le 30 Juin environ les quatre heures du matin les ennemis commencèrent à battre la ville furieusement à ruine, de deux batteries sur lesquelles y avoit à chacune sept pièces de canon, et touttes les balles qu'ils tirèrent dans la ville estoient du pois de 21 et 25 lt. Et la plupart de 33 lt. de pois, ce qui éveilla les bourgeois naiant accoustumez d'ouïr telle orgue et voire tel tintamare que cela faisoit partout.

Sur les 9 heures du matin, jectèrent des susdites batteries qui estoient hors Montoise, deux bombes desquelles l'une se creva en l'air sur la place St-Jean, et l'autre pesante 82 lt. tomba sur l'église des Jésuites[1] et en rompant le toit, tomba sur le doscal, rompa la voulte et tomba dans l'église qui estoit remplie d'une infinité de monde à raison de la solemnité qu'en y alloit faire par ordre de mess. du Magistrat, à l'honneur de notre-dame de Consolation, et du tout par action miraculeuse ladicte bombe ne print pas feu, ce qui sauva la vie à quantité de personnes qui sans doubte eussent esté emporté en cas quelle se fut crevée. Et par ainsy fut grandement à louer Dieu et la glorieuse Vierge qui eutrent ainsy soing de leur peuple.

Au demeurant, ce jour les balles de canon endommagèrent fort l'église de St-Géry. Une perça celle de la Chau-

(1) St-Nicolas.

cée, et diverses maisons des rues Montoise et du Sacq, des greniers de Vicogne,[1] vers St-Jacques, Croix au Cept.[2]

Enfin avant le midy, la plus part de la ville en eult sa part, sans y avoir eu personne de tuez ni bleschez, non plus que les jours suivants ce qui fut un don de Dieu, car les balles voloient de tous costez.[3]

Mesures contre l'incendie, etc.

Sur le midy le Magistrat ordonna qu'un chacun auroit à mectre de l'eaue à lhuis pour esteindre les bombes que les ennemis poldroient jecter.

Préparatifs des ennemis contre l'armée de secours.

Il fut défendu de ne plus sonner aulcune cloche tant aux églises qu'ailleurs ny même faire aller les appaux des orloges, ni frapper les heures, affin qu'on fut tant mieulx aux escoutes, et qu'on ne fut surprins des ennemis, lesquels voians que notre armée les approchoit et se mectoit sur les environs du mont Hauwie à l'opposite du quartier des Lorrains ils commencèrent en diligence à faire une double ligne, avecq palissades et fossez perdus au devant, avecq quantité d'espaullemens pour couvrir la chevaillerie.

Ce jour qui estoit vendredy, les doyens de chrestienneté ensuite du pouvoir, qu'ils avoient de leurs supérieurs, donnerent permission aux bourgeois et habitans de la ville de manger chair les vendredy, samedy et jour de jeusne et ce tant et si long temps que le siege dureroit.

Suite du bombardement

Durant le reste de la journée les ennemis continuoient de battre la ville à ruine de sorte que ceulx du Marché au

(1) « Construit en 1580, occupait les nos 1 à 7 de la rue de l'Intendance. » (*Mém.* t. IV. 221.)

(2) Grande croix en grès élevée autrefois sur la place d'Armes, en avant du beffroi. (Pour plus de détail voir almanach de Valenciennes 1882, p. 101.)

(3) « ... Mais ils donnèrent (les boulets) plus deffroy aux femmes d'abord qu'il n'ont receu d'utilité ... si comme l'un estant entré dans le bercheau, où un petit enfant estoit couché, un autre dans la chambre d'une honneste fille malade, auquel après avoir fracassée la courtine de son lict, elle fut touché au bras. Une autre ayant eux deux pans de sa juppe emportez vers l'église St-Jacques » (R. 39.)

Poisson[1] et voisinage furent contrains de se retirer dans les caves, à raison que la pluspart des balles tomboient en ces quartiers. Ils tirerent aussy quelque coup après la tour de S. Nicolas, abattirent la clère voye du costé des Capuchins, et percèrent le toict en desoubz de la hobette du guetteur après lequel ils en avoient, ce qui le fit bientost descendre.

SAMEDI 1er JUILLET. L'armée de secours se montre ntre Famars et Préseau. Bombardement.

Le 1er de Julet notre armée de bon matin s'advança bien fort vers les lignes des ennemis, et y vint jusques à la portée du canon sespendant depuis Famars, Artre jusque les environs de Préseau ce qui feit redoubler la besongne des ennemis tant à la seconde ligne qu'a drescher des batteries.

Les ennemis cependant pensant intimider le peuple continuèrent le matin à batre la ville à ruine, et cessant la pluspart de la journée, recommencerent avec furie sur les six heures du soir, endommageans et perchant diverses églises et maisons mesme au pourpris du Mont de Piété le pignon de l'une des demeures aiant este fort endommagez.

Messe solennelle.

Ensuite de l'ordonnance du Magistrat du 28 juin, l'office se feit à l'église de Ne Dame de la Chaussée, et après la grand messe chanté la procession se feit par la ville avecq l'image de Ne Dame du Puich, le pasteur celebrant et portant le vénérable St-Sacrement a pied nuz, come de mesme les assistans ceux portans le paoesle et l'image de la Vierge et grand nombre de peuple suivant aussi, la pluspart a piedz nudz pour implorer l'assistence du ciel.

Conseil particulier. Affaires d'argent.

Après midy fut assamblée le conseil particulier ou fut représenté la necessité d'argent qu'il y avoit.

Sur quoy fut ordonné d'appeler les massars et leur ordonner qu'ils auroient a se faire payer en dedens tierche

(1) Marché aux poissons actuel, sur ce même marché se trouvait à la fin du XIVe siècle, un établissement pour les poids publics appelé la *Vasne*. (Bureau central de l'Octroi) (*Mém.* t. IV, p. 181-207.)

jours de tous les fermiers, ce qu'ils pouvoient debvoir avant le siège. Et dailleurs qu'ils tascheraient d'emploier le crédit de leurs amis pour tascher de recouvrir argent soit a 12 pour cent, ou leur donner asceurance sur quelque ferme ou pasture. Cependant que le Prévost ait à donner ses namptissemens comme lui avoit esté ordonné divers fois.

Dom Franc° de Menesses vint représenter que les deux fils du mayeur, les fils de feu Me Andrien le Preux, Pierre Hardy, Sr de Rengies et de feu Hubert Despretz s'estoient mis en service dans son régiment. Et pour inciter des autres à y entrer, prioit qu'on les voudroit exempter de la maltote du vin.

Résolus les tenir exempt come autres soldats, leurs personnes et leurs valets seulement.

Sur la requeste du capitaine de nos vieux bigornieux donné à sa compagnie un rafrechissement de quatre tonnes de bière. Aux maistres de la cour St-Denis pour payer les ouvriers unze cens florins.

Marche de l'armée de secours. Travaux exécutés par les ennemis. Escarmouches.

La nuict notre armée advança jusques au mont Hawie et partie passant la rivière se meirent vers Hurtebise, et commencèrent à tirer du canon le matin du 2 sur le quartier des Lorrains. Ceste approche cause que les ennemis crainte, de ceulx de la ville, feirent une nouvelle ligne de contrevellation avecq redoute aussy palissades et munie de canon. Ils doubtoient qu'on eult fait une puissante sortie tandis qu'ilz estoient empeschez à travailler aux lignes contre notre armée au demeurant du quartier de Montoise. Durant la dite nuict se feirent diverses escarmouches sans par les ennemis avancher aultre chose que gaingner des coups. Ils y perdirent plusieurs personnes entre autres le Sr de Rubantel capitaine aux gardes fut blesché d'une mousquetade à la teste qui l'emporta 3 jours après au tombeau.

DIMANCHE 2 JUILLET *Bombardement*

Le 2 julet sur les six heures du matin recommencèrent à tirer travers la ville par l'espace de deux heures., plusieurs églises et monastères en eulrent leur part come les Dominicains, Carmes, St-Jean, Chartreux[1] Carmelines[2] Vicognette etc. De sorte qu'on s'apercevoit de plus en plus questions batu par un hereticque qui n'espargnoit les maisons de Dieu moins que celle de particulier, et en toutte ceste furie il n'y en avoit pas une qui enduroit plus que l'église de St-Géry qui presque continuellement recepvoit des coups. L'après midy ils recommencèrent à jouer de leur susdits orgues ; et oultre ce, jetèrent quatre bombes qui tombèrent au jardin du petit St-Jean en cestuy des Chartreux proche le Mont-de-Piété, et la 4e en la rue de Hecq sans avoir faict de domage important.

Réquisitions d'hommes et de chevaux.

Voiant que les ennemis nous attacquoient tout de bon, on publia par cry publicque, que tous bourgeois et mannans au premier son du tambour auroient à soy trouver chacun en son quartier, pour aller où ils seroient envoyez en cas de quelque effort des ennemis, pour la defence de ceste ville. Aussy fut ordonné de plus que tous ceulx aians chevaux et armes, au signal susdit, auroient aussy à se trouver sur le grand marché, et que ceulx non capable de faire service, auroient a envoyer leurs chevaux pour les faire monter par gens capables au service.

Eclairage des rues.

Item fut aussy ordonné de mectre à tous coings de rue la nuict, des fallots avecq tourteaux ardans, pour avoir de la clarté et remédier aux bombes que les ennemis poldroient jecter.

Escarmouche à Montoise.

La nuict les ennemis attaquèrent par trois fois nos contrescarpes hors Montoise avecq une terrible furie, mais furent si bien receu, qu'ils n'y profitèrent autre chose que

(1) Les Chartreux s'étaient établis dans l'hôtel d'Arschot, aujourd'hui l'école primaire. (*Stastisque Archéolog.* p. 70.)

(2) Etablies en 1618 au coin des rues de Mons et de St-Géry. (*Stat. Archéol.*)

des coups, avecq la perte de beaucoup de morts et bleschez. Et de notre part n'en eult qu'un capitaine espagnol légèrement bleschez.(1)

LUNDI 3 JUILLET, *Arrivée du Maréchal de la Ferté au quartier de Beuvrages. Conseil particulier. Affaires d'argent, rafraichissements, etc.*

Le 3e le Mareschal de la Ferté Senneterre, qui n'avoit encore esté au siège, arriva le matin en son quartier de Buvraige, et emploia la journée à visiter tous les ouvrages que l'on y avoit fait en son absence.

Le conseil particulier fut assemblé où fut représenté que le jour d'hier le Magistrat se trouvant en nécessité d'argent, avoient faict lever en la maison de Jean Dupont greffier, le ferme de la mambourne, des héritiers de feu Salomon le Sage qui fut aussy greffier.

Ordonné d'en faire faire ouverture par les mambours, lesquels au raport du Magistrat, estoient prests de délivrer les clefs, et en leur présence et de deux nothaires, faire inventorier l'or et l'argent qu'on trouvera dedans, et le prendre pour s'en servir aux présentes nécessitez, le tournant en rentes au denier quatorze au profit des mineurs.

Item ordonne de présenter pour un rafreschissement au duc de Bornonville deux pièces de vin et dix moutons.(2)

Au capitaine lieutenant Caron venu come avez veu cy devant pour commander sa compie ordonné lui présenter une filliette de vin(3) et quelques jambons.

Aux maitres des munitions pour satisfaire aux frais d'icelles mille florins.

Fut advisez que les 300 f. ordonné pour faire pain pour les povres mesnages le 22 juin dernier, ne se furniroit en argent ains qu'on distribueroit du pain pour leur valeur,

(1) « ... Que toutes les nuictz pour veoir claire aux attacques, nous jections toussiours quantité de fagots enterquez dans les fossés des fortifications, lesquels allumez donnoient telle clarté qu'on voioit à l'aisse les ennemis faire leurs approches. » (S. L. B.)

(2) « Le vin à 52 escus la pièce et pour lesdits moutons 120 fl. » (S. L. B.)

(3) La filliette 52 fl.

à raison qu'on avoit besoing d'argent, et que le bled se prendroit de la provision des assennes et du magasin du Roy.

Authorisez le Magistrat avecq les Srs Jean Grumelier et Thomas Hardy ancien lieutenant, pour appeller les stilz des cambiers et aultres, pour les induire à prester leur crédit comme il s'est praticqué du passez pour leur argent en ceste présente nécessité.[1]

Escarmouche à la porte Montoise, armistice.

Environ les dix heures du matin, le duc de Bournonville envoia lettre au Magistrat le priant par icelle de vouloir promptement envoier deux compagnies bourgeoises sur les murailles, les estendans depuis Poterne jusque au derrière de la maison des Capuchins,[2] et induire les bourgeois volontaires qu'on poldroit rencontrer dans les contrescarpes hors la porte Montoise ce qui se feit à l'instant, et nombre y allèrent de gayeté de cœur, et estant tout bien rangez sur les unze heures, notre canon commencea furieusement à donner et à l'instant la cavallerie et bonne partie de notre infanterie feirent une sortie aultant généreuse qu'il se pouvoit faire sur les boyaux des ennemis, hors la susdite porte Montoise, où plusieurs desdits ennemis ne se doutans de telle chose, y finirent leur jours plustost qu'il ne pensoient. Cestoit le principal chocq a l'attacque de Turenne qui estoit gardé par le Regiment des gardes franchoises, où le combat fut fort sanglant, et qui meit tout le camp en

(1) « Notez que la pure vérité est qu'en tous les conseils où fut représenté le manquement d'argent qu'il y avoit, que j'ai tasché tousiours d'induire les maieurs de vouloir avancher chacun 1 à 16 ou deux mille florins a cours de rente ou pention et que j'estois content d'estre le premier pour faire telle advance leur criant divers fois et demandant avecq serment s'il n'y avoit personne qui volut faire ce service au Roy et à la patrie. A quoy jamais personne ne responda combien qu'il y en avoit pour le moins 15 à 16 qui avoient bien le moyen de ce faire, les aiante mesme nommez divers fois esdits conseils par leurs noms et sournoms en leurs présences mais chacun estoit ladre, et ne vouloit sentir le mal qui leur pendoit sur la teste. » (S.L.B.)

(2) « Leur couvent se trouvait à la place de l'institution Ne-Dame actuelle (*Mém.* t. IV, p. 231)

allarme. De sorte que plus de six mille chevaux vindrent fondre sur les notres, ce qui les fit retirer en très bel ordre et sans notable perte. Durant le combat notre canon donnoit continuellement de touttes part, et cestuy des ennemis donnoit aussi à travers la ville à ruine, jectans aussy diverses bombes mais sans faire dommage notable. En ceste action suivant le raportant des prisonniers que des gens d'église, y aians estepour confesser les blessez, y eult pour le moins cinq cens hommes tant tuez que blessez, dans les susdits boyaux où le sang coulait en abondance par ruisseaux. Entre lesdits ennemis morts y eult quantité d'officiers, et entre aultres le sieur de Baudet[1] capitaine aux gardes et du Maupou lieutenant, entre les prisonniers fut ramené dans la ville le marquis de Vitremont capitaine des gardes et commandant l'attaque qui estoit aussi blesché d'une mousquetade qui lui avoit percé la main droite, et avecq lui divers autres ; de notre part y en eult aulcuns de bleschez tant seulement. Les ennemis se voians ainsi accomodez, pour retirer leurs morts et blescez requirent une cession d'arme pour demie heure, ce quon leur accorda. Et icelle finy, sur les deux heures et demie après midy, les ennemis feirent une furieuse descharge de leur canon, et autres traits à poudre, ce qui feit ung tintamare très grand et extraordinaire.

Entre nos bleschez[2] y eult le valeureux capitaine Boutry,

(1) Messieurs Rubantel et Bordet
. . . .
Sont décédés de leurs blessures.
(Loret, Let. XXVIII, du 15 juillet p. 218.)

(2) « Le dit seigneur Duc ayant receu un coup de bal à son chapeau qui fut favorablement envollé de sa teste, sans aucun mal. Le capitaine Bracq fut griesvement bleschez en ce rencontre, dont le dit Bracq en est décédé.. Les Espagnols en ce rencontre, se sont montrez fort généreux, et les capitaines des leurs qui sortirent scavoir Mendoça commandant à ladite sortie, Carance Strada et don Alexandro Pau s'y sont fort signalez ; comme aussi ceux du Régiment de Bournonville, avec le capitaine Reaville dudit régiment. Cette sortie fut si furieuse q'elle estonna fort les ennemis réjouissant nos gens qui la regardoient du Mont Houy.

« Tellement que ledit Sr Duc pour encourager les bons devoirs et services, donna audit sieur Boutry, l'office de Major de cavaillerie » (R. p. 11.)

qu'il fut blessé de deux mains, mais sans péril. Cestoit ung soldat fort agissant et qui tous les jours aggressoit les ennemis avecq un courage indicible. Une cornette fut aussy blessez qui mourut peu après, voilà la principal perte que nous y fismes.

Notre Magistrat pour ceste genereuse action, en suite de l'authorisation du Conseil du 29 juin, donna à notre cavallerie et infanterie aians esté en ceste sortie, trois pièces de vin de 312 florins, et 30 tonnes de bierre.

Bombardement.

L'après midy dudit jour, les ennemis outre le tirage de leur canon dans la ville y jectèrent diverses bombes qui tous tombèrent en la rue Montoise et vers St-Géry, laquelle église en fut grandement endommagée. Et au refuge de St-Sauve tomba une bombe dans le fumier, ce que voians aulcuns paysans y coururent avecq de l'eau pour l'esteindre, mais se crevant, elle en blescha aulcuns, dont l'un d'iceulx morut peu après, qui fut l'unicque qui fut tué de bombes par canon des ennemis durant tout le siège.

Manque de nouvelles de l'armée de secours.

Ce jour ne fut rien entendu de notre armée, de laquelle depuis l'arrivée à la vue de ceste ville d'icelle, n'en avions veu aulcune lettre ny'eu aultre advertance, ce qui nous sembloit fort estrange et ne sçavions que penser.

Nouvelle attaque à Montoise.

Environ les unze heures de nuict, l'attacque fut des plus furieuses aux lieux ordinaires, à Montoise. Le régiment de Piedmont qui montoit a la trenchée dans l'attacque de la freté, et un bataillon des gardes suisses à l'attacque de Turenne, commandé par le sieur de Mallendin colonel dudit Régiment, eurent ordre d'attacquer la contrescarpe, et d'y faire ung logement. En suite de quoy l'attacque fut donné de deux cotés, et le combat y fut si furieux, qu'il dura deux heures entières, et jamais ne s'estoit veue continuer une attacque avecq tant de rigueur, où les grenades pluvoient de part et d'autre comme de la gresle. Et nonobstant que les ennemis furent jusques aux palissades, ils en furent repoussez avecq la perte de plus de quatre cens homme tant tuez que bleschez. Entre les bleschez se retrouvoit le Sr de Créquy bleschez d'une mousquetade à la teste, et le Sr Colloudin colonel. receut un coup au desoubz de la cheville du pied. De notre part y eusmes quatre espagnols de tues, entre lesquelz ung capitaine parent au marquis de Caracene, et 8 à dix de bleschez. A la retraicte les ennemis abandonnèrent plus de quarante huidenge de pièces de vin et autres, qu'ils avoient roulez devant eulx pour se guarandir, lesquelz vindrent bien a point aux nôtres qui les emplirent de terre pour aussi se guarandir. Ung de nos bourgeois appellé Le Grue, s'estant avanché pour regarder ceste attacque de dessur nos murailles, fut tué d'un coup de mousquet, qui fut le premier qui courut ceste infortune.

MARDI 4 JUILLET. *Repos accordé aux troupes espagnoles.*

Le 4 julet de grand matin fut publiée, que désirant soulager les Espagnols qui avoient enduré tant de fatigue la nuict à la furieuse attacque qui sestoit passez, on exhortoit tous volontaires de se vouloir mectre à leur poste durant la journée, tandis que les dits Espagnols prendroient le repos pour se povoir remectre endevoir la nuict suivante en cas d'autre attacque; promectant a tous volontaire suject qui se voudroient trouver come desur, qu'on leur donneroit a chacun deux patars pour la journée et qui se paieroient promptement le lendemain 5 du matin.

Lettre de S. A.

Ledit jour du matin le Magistrat receut lettre de S. A. en date du 30 juin, de laquelle la copie suit.

Jay ce jourdhuy receu la lettre du Magistrat du 27e et me remectant pour sa responce, à ce que porte et at entendu le porteur de ceste, j'adjoute seullement icy, l'asseurance en laquelle ie suis, que des vassaux si bien advisez feront preuve de leur fidélité en ceste occasion, Et moy de ma parte je reitere aussy ce que je leur ay offert; en quoy je me confie que notre S[r] nous donnerat le bon succès necessaire, come je le supplie. Et il conviendra aussi qu'on fache chez vous les prières à ce mesme effect. Au camp de Thian, le 30e juin 1656, *estoit signé* : D. JUAN, *et la superscription estoit* : au Magistrat de la ville de Valentiennes.

Au soir pour advertire que ceste lettre nous estoit bien parvenu, on alluma des tourteaux sur le belfroy. Et lors scavions ledit 4e S. A. estoit avecq ses troupes à Mareische, le prince de Condé à Fontenelle et Caracene à Famars.

Ce jour se passa assez paisiblement, et ne fut tirez de canon ni bombardes par les ennemis, ny de la ville aussi. Ny aiant eu que la mousqueterie qui besoingna assez bien et tousiours du quartier de Montoise.

Bombardement. La nuict les ennemis tirèrent quantité de coups de canon sur la ville, et y jectèrent sept bombes, les 2 tombèrent sur les Prisons[1] et cour St-Denis, qui feirent de grands dommages aux couvertures. Une chez Pierre Mathieu apoticaire demeurant à Lespinette vers le marché au poison, où elle brisa tout ce quil si rencontra de meubles et drogues en la place où elle tomba. La 4[ieme] tomba chez Pierre de Glin mulquinier en la rue de le Sauch ou elle percha tous les plancages, jusques à tomber dans la cave ou elle brisa les ottele, et ce qu'il y avoit, et le dommage fut fort grand en ceste maison. La 5eme chez Jacques le Mesureur proche l'hostellerie de St Martin, ou elle feist aussi des notables dommages. Et de mesme la 6e en la maison d'un maître Charles du Chasteau appertenant au trouppeau des Chartreux dans la susdite hostellerie de St-Martin. Et la 7e tomba en la rue Cardon dans les Ursulines laquelle ne feit aulcun dommage.

Escarmouche à Montoise. Sur les 10 heures du soir, les ennemis par leurs irlandais recommencèrent leurs attacques tant sur la demie lune

(1) Le nom vulgaire des prisons était Buriane, de burum, burdica cellule (Voir Cellier, *Commune flamande*, p. 117).

devant la porte Montoise, que sur la corne devant le bolverc de Poterne, laquelle dura jusques environ les deux heures de ladite nuict. Mais ne fut si furieuse que celle de la nuict précédente, tant y at que les dits ennemis furent encore repoussez, avec grand perte de morts et bleschez, sans avoir encore jusques a présent gaigné ung seul pied de terre sur nos dehors.[1]

MERCREDI 5 JUILLET.

Ordonnance contre les paysans.

Le 5 julet du matin, fut ordonné par cry publicq à tous paysans réfugiez en la ville, de prendre les armes, et se mectre a la solde ou au travail, comme avoit encore faict cy-devant. Mais estoient si fainéans, qu'il n'y avoit moien leur avoir a lun ny l'autre des besongne; s'estudians plustost au mal qu'au bien, plusieurs d'eulx naians qu'un pillage en teste, de sorte qu'il s'en falloit garder.

Explosion des poudres des ennemis à la porte Montoise.

Sur les 9 heures du matin le feu se print aux pouldres estantes sur la batterie des ennemis proche S. Michel hors Montoise, ce qui en feit voler plusieurs en l'air. Et le feu sestans mis dans les grenades qui estoient sur ladite batterie, en bleschèrent et tuèrent aulcuns. Mesme le lieutenant de ladite batterie fut emporté et aulcunes asselles d'iceluy vindrent voler jusques a la porte Montoise et bleschèrent aulcuns de nos bourgeois qui y estoient de garde.

Conseil particulier. Nomination de trois capitaines et d'un sergent major. Cambiers. Hôtel-Dieu. Fonte des cloches pour faire des grenades. Poudres.

Le conseil particulier estant assamblé fut représenté que Dom Francisco de Menesses avoit le matin faict trois nouveaux capitaines, auxquels le matin en plain marché devant ung chacun, il leur avoit donné les escharpes panacés pour les encourager, et faisoient jà les fonctions dans son régiment. Le premier d'iceulx estoit Claude Ignace Joseph le Preux, fils de feu maître Andrien, qui fut pre-

(1) « Il estoit commun, et trivial, que quand on provoquoit de se présenter aux attaques, (soubs le tiltre d'honneur) quon a recherché cy devant puissamment en France, pour en procurer des avancemens, les Officiers et soldats (ors que commandez de garde) y alloient à contre cœur disant publiquement qu'on les menoit à la boucherie... » (R p. 48.)

mier pentionnaire de ceste ville, auquel il donnoit le tiltre de lieutenant de la comp^{ie} de don Juan d'Austrice. Le second estoit Jacques Le Clercq, second filz de Jean mayeur de ceste ville, auquel il donnoit le tiltre de lieutenant de la comp^{ie} du marquis de Caracène, et le 3e estoit Jacques Albert Despretz, filz d'Hubert, qui fut eschevin de ceste ville, auquel il donna le tiltre de lieutenant de la comp^{ie} du comte de Buquoy, Requerant qu'on leur voudroit accorder quelque revenu et gage honneste, et aux soldats que chacun d'eulx leverait.

De plus iceluy de Menesses dict d'avoir dénommez pour sergeant major desdite 3 comp^{ies} Hangoubart Sr de Heulze. Accordé aux 3 capitaines et à leurs soldats et officiers pareil traictement qu'aux autres nouvelles comp^{ies} d'infanterie ou bigornieux.

Raport des députez aians ouy le stil des cambiers, lesquels au lieu de prester leur crédit comme est reprins au conseil du 3e de ce mois, offroient de donner dix mil florins, pourveu faire cesser tous les procès qu'ils avoient contre la ville pour l'exemption et la maltote de bierres, en les tenant exempt d'icelles comme du passé.

Authorisez lesdit députez, de les induire à donner 12 ou unze mille fl. et oultre ce, qu'ils voudroient prester leur crédit pour lever autre dix mil fl. mais s'ils persistent en leur premier offre passer oultre veue la nécessité où on se retrouvoit.

Authorisez le Magistrat, pour traicter avecq la maistresse de l'hostel Dieu pour la nourriture des soldats bleschez et malades, veue que le nombre augmentoit journellement.

Come on avoit bien souvent du mal d'avoir ce conseil assamblé, fut ordonné d'authorisez cincq du présent conseil trois du Magistrat, et un du bureau pour sortire de touttes affaires qui se représenteroient durant le siège, à condition de représenter par après le tout à ce conseil.(1)

Authorisez le Magistrat de faire continuer les prières come ils trouveront convenir.

Comme les grenades nous venoient à mancquer, authorise le Magistrat de prendre tout le métal de cloches cassez et autres qui se rencontreroient pour en faire faire en diligence.

Jean Despreelle salpeteur aiant fait représenter que lui livrant des grands mortiers d'apothicaires et chiriers qu'il fabricqueroit quantité de poudre avec iceulx. Résolu lever par tout les mortiers quon poldra rencontrer, et les faire mener au ledit Despreelle.(2)

Puis fut leue la lettre qu'on avoit receu de S. A. en date du 30 juin de la quelle avez copie du translat de l'espagnol cy desur.

Bombardement. La maison de Le Boucq est atteinte.

Durant ce jour les ennemis ne jectèrent que deux bombes mais tirèrent fort de leur canon dans la ville. J'en eu ce jour ma part. Sur les six heures du soir, une balle de 32 lt. de poids, emporta un coing du pignon de ma burie tenant a la cimentière de Ne Dame la grande, et peu d'espace après, une pareille balle rasa encore le même pignon, et donna contre la muraille de la dicte église de Ne Dame sans néantmoins l'endommager.

De la ville on ne tira guerre de canon à raison qu'on avoit réglé l'affaire, en sorte que par jour ne se livroit plus pour le tirage du canon que cincq tonnes de poudre, parce que les canoniers pressés par les bourgeois, tiroient plus de coup perdu qu'aultre a propos, et par ainsy jectoient la pouldre mal à propos. S'estant trouvé que les 29 et 30 juin

(1) « Cecy ne s'est pas mis en praticque. » (S. L. B.)

(2) « Ceste invention fut trouvé abusive, car 2 hommes estampant toute la journée, avoient du mal de faire 25 lt. de poudre, de sorte que la façon venoit à couster le double de la valeur de la poudre. » (S. L. B.)

on avoit dépensé 74 tonnes de pouldre prins au magasin de la ville, sans celle qu'on print au magasin du Roy.

Découverte d'une mine pratiquée par les ennemis.

Laprès midy nos soldats descouvrirent un souterrain que les ennemis avoient jà faict soubz la contrescarpe de la demie lune de Montoise, d'où on retira sept sacq et deux tonnes de poudre.

Escarmouche à Montoise. Suite du bombardement

La nuict, les ennemis à leur ordinaire, envoièrent leurs Escochois aux attacques, tant sur les Espagnols à la demie lune, que sur la corne que gardoit le Régiment de la Mottrie. Mais nonobstant leurs efforts ils n'advancèrent rien, et furent repoussez avecq perte de plusieurs à lordinaire. Pendant ces attaques leur canon donnoit furieusement travers la ville dans laquelle ils jectèrent aussi noeuf bombes en mesme temps, dont les trois tombèrent dans l'hostellerie de St-Martin, où elles feirent un grand fracassement ruinant partie des édifices dudit logis. Une tomba a Vicognette, qui brisa les vitres ; une dans le jardin des Chartreux, une dans la maison de Jacq. le Mesureur, une a la Salenque sur l'Escault, une sur la maison joindant celle du pasteur de St-Géry, dans la cimentière, et la dernière sur le rampart montoise, joindant la grange où sont les ustensiles de guerre de sa Maté

A une heure de nuict, l'on meit encore du feu au belfroy pour presser notre secours.(1)

JEUDI 6 JUILLET

Les Carmelines se réfugient à l'hotel d'Anchin.

Le 6 dudit mois ne se passa chose de remarque, et l'on tira fort peu de part et d'aultre. Sur le soir les religieuses Carmelines, crainte des bombes qui tomboient la pluspart vers leur maison, quitèrent icelle, et furent amenés en caroche à l'hostel d'Anchin en la rue Capron, pour y résider tant que ces orages seroient passes.

(1) « ...On lascha presque continuellement le canon sur les ennemis, de la batterie de nostre armée, et notament sur les Lorains. » (R. p. 50).

« Et pour tesmoignage de quelques lettres reçeues de son Alteze par ledit Sr Duc. » (R. p. 72)

Attaque de la corne de la demi-lune Montoise par les ennemis.

Sur les dix heures et demie du soir, le régiment de la Ferté, estant à la tranché où ils avoient travaillé a la sape depuis le 4 dud. mois, pensant par là éviter la perte des leurs et aultres, ils se lassèrent, et se résolurent de venir faire un logement à la contrescarpe de la corne gardé par le régiment de la Motterie. Mais ils y trouvèrent une résistance non moins grande que ceulx qui y avoient este auparavant. Ils sopiniastrerent plus d'une heure, mais furent repoussez par trois fois, avecq perte de leur lieutenant colonel, et de plusieurs capitaines. D'autre coste le régiment de la Feuillade et cestuy de Ramberie attacquant en mesme temps la demie lune devant Montoise, gardé par les Espagnols, neurent pas meilleur jeu et furent repoussés par deux fois, avecq grand perte de divers officiers et soldats, sans se povoir loger en aulcune part. Cependant ils y perdirent plus de quatre cens hommes, et de notre part y eult de tué le capitaine Macin du régiment de la Mottrie, quatre simples soldats et aulcuns de bleschez.

Ceste nuict les ennemis ne jectèrent nulle bombes mais tirèrent fort de leur canon dans la ville.

VENDREDI 7 JUILLET.

Bombardement.

Le 7 du matin les ennemis voians que par tous leurs efforts ils ne scavoient rien gagner sur nos ouvrages, ils s'advisèrent de tirer force canonnades sur les palissades pour les rompre et se faire ouverture. Mais l'effect ne fut grand et ne profitèrent encore rien par là. Et ce jour leur furent desmontez deux pièces dans leur batterie proche St-Michel.

Cependant ne laissèrent toutte la journée de tirer sur la ville à ruine, abbatans aulcunes cheminez et perchans quelques murailles sans autre domage. Dieu gardant tousiours son peuple en leur juste defence.

Conseil particulier. Arrangement avec les Cambiers.

Le conseil particulier estant assamblé lequel authorisa les députés ci devans reprins, d'accorder avecq les cambiers pourveu dix mil florins, veu quil ne vouloient donner davantage.

Au reste tascher encore de tirer d'eulx, quelque bénéfice d'advance ou autrement.

Entente avec la Maitresse de l'Hotel-Dieu pour les blessés. Plomb. Affaires d'argent, guetteur. Nouveau capitaine.

Advoués l'accord faict avec la maîtresse de l'Hostel-Dieu pour les soldats bleschez, en sorte qu'on payera de chacun d'iceulx par jour dix patars, et quand aulcuns d'iceulx viendront à mourir, sera payé 2 jours de surplus : et de mesme seront payés les jours de leur entrée et sortie. Ce que le commissaire Zagastizanal présent audit accord, avoit advoué pour nous en faire rembourser par sa Maj[té].

Ordonné aux massars de furnir aux maistres des munitions la somme de 2400 florins. Item aux maistres de la cour St-Denis 12000 fl.

Comme on ne savoit plus trouver de plomb pour les balles de mousquet, desquels il convenoit avoir journellement deux mil lt. de pesant, Voire 2200 2400 et quelquefois 2600, et pour seulement se deffendre aux attacques des ennemis, Aiant estallé ce qu'il y avoit en magasins, tant de la ville que du Roy, voire mesme qu'on avoit ja levez quelque nocquiere en la maison de Ville, et tour de la porte Tournisienne : scavoir si on iroit requérir le baron de Roisin de délivrer les plourmières qu'il y avoit en sa maison de la Salle, qu'il avoit arrenté de la ville, où on en trouveroit bien 15 à vingt mil de pesant.

Résolu de prendre tous les bacq de plomb qu'on trouvera sur les bourgeois, et ce par poidz pour bien en paier cy après la valeur, comme on avoit jà fait à aulcuns, et durant cela que l'on poldroit parler avec baron de Roisin pour avoir les susdites.

Fut aussi représenté qu'au coffre de la mambournie de de feu Salomon le Sage, se retrouvoit environ dix mille florins la pluspart en or. Scavoir si on s'en servira en la forme qu'à este dict cy-devant.

Resolu retenir lad. some pour s'en servir aux nécessités

présentes, et en créer rente au profit des pupile à la charge de la ville à l'advenant du denier 14, Leur paiant une année du cours avant main, come at esté ordonné ci devant.

Ordonne de payer à la comp^ie^ de nos vieux bigornieux 15 jours de leurs gages esceu le 4 de ce mois, etc. 1000 fl.

Item fut ordonné de payer les canonniers de la ville les plus nécessiteux.

Item fut aussi ordonné qu'oultre du gueteur ordinaire du belfroy, que le Magistrat en poldroit encore mectre deux aultres aveq iceluy, pour avoir lœil sur ce qui se passoit à notre armée qui estoit tousiours à la veue de ceste ville. Et que l'un diceulx poldroit aller et venir, pour advertire le Magistrat de qu'ils descouvriroient. Si fut encore accepté pour capitaine Jean Conrad fils Nicolas et ordonné que ceulx se mectans de sa comp^ie^ seroient exempt du droit d'apprentissage des stilz soubz lesqueles ils se voudroient mectre à l'advenir.

Arrivée d'un courrier de l'armée de secours.

Sur les cincq heures du soir, arriva un soldat envoyé par le duc de Wirtemberghe, par lequel il advertissoit son arrivée à Saint Amand aveccq ses trouppes. Aussi tost on feit allumer les feux sur ledit belfroy, pour donner advertence de l'arrivée de ce messager. Et de notre camp de Fontenelle pour nous faire pareille advertance on lascha deux coups de canon.

Lettre de S. A.

Peu de temps après, on receut lettre de S. A. escripte au camp le 5e du mois, de laquelle la copie fut translaté de l'Espagnol :

« Le duc de Bornonville dirat au Magistrat, la résolution que j'ay de secourir ceste ville, qui, avecq tant de fidélité et constance travaille a sa défence. Et come tout l'espoir de ceste affaire doibt véritablement dépendre du secours divin aiant Illecq (selon que je suis informé) le doigt du glorieux St Jehan, Il me serat fort agréable que la ville fache quelque offrande en forme d'anniversaire du jour, que par son intercession notre Seigneur serat servy de lui accorder le bénéfice de délivrer ceste ville des grands maulx qui lui surviendroient par sa perte. Et avecq cela et la grande valeur que les habitans feront paroistre, je ne doubte point que nous obtiendrons la fin désirée, Dieu en dispose ainsi suivant sa providence. Du camp le 5e julet 1656 (*estoit signé*) D. Juan. (*mais ny avoit aulcune supers-cription*).

Attaque à la porte Montoise.

Sur les 9 heures du soir[1] les ennemis vindrent recommencer leur attacques aux contres-carpes et palissades de la demie lune devant Montoise, gardé par les Espagnols et compagnies nouvellement levés en ceste ville, par la sollicitation du Coronel Dom Fran[co] de Menesses, come avez veue cy desur. Le combat fut furieux et lattacque recommencée par cincq fois. Et come les ennemis à la force avoient en quantité passez les palissades et venu jusques à la pointe de la contrescarpe, Illecq y aiant une mine préparé on les feit jouer, faisant voler quantité desdits ennemis en l'air. De sorte que ceulx qui restoient dans les boyaux en prindre une telle espouvante, que plusieurs abandonnèrent le tout, et s'enfuirent bien avant jusqu'au mont du Rolleux. De sorte que les joursuivant, ils meirent de la cavallerie pour retenir la povre infanterie, et les constraindre à tenir bon aux assaultz, de façon que plusieurs y périrent contre leur gré. Au reste les attacques susdites durèrent jusques environ les trois heures du matin avecq une grande furie de canonnade, mousqueterie et grenades. Les ennemis y perdirent beaucoup de monde et entre aultres de remarque, layde major du Régiment de Turenne y

(1) « Vendredy 7e Jullet de nuit L'ennemi vint de recheffe avecq deux mille hommes a corps attacquer la contrescarpe des Espaignols et feirent aussi une autre attacque à la contrescarpe des soldats de Lamottrie desquels ils furent les ennemis vaillament et généreusement repousez avecq notable perd de tué et blessez, du coste de la ville un capitaine Wallon fut tué et quelque peu d'autre tué et blessez » (B. p. 351).

fut tué, aveccq plusieurs aultres dudit Régiment et de cestuy de Bretagne, qui estoit de ceste attacque. De notre coté n'y eult qu'un simple soldat de tué et aulcuns de bleschez. Durant ce tintamarre l'on tira aussi fort de notre camp en batterie du mont Hawie sur le quartier des Lorrains, qui estoit en deça de Fontenelle.

Aussi tost que l'orage fut passé, les notres se meirent à la besongne, racomodant les palissades rompues et aultres ouvrages, de sorte que le tout fut remis en si bon estat come il estoit auparavant. L'on feit aussi des nouveaux fourneaux pour recepvoir les ennemis à leur retour, qui s'attendoit à l'ordinaire touttes les nuitz.

Bombe

L'avant dicte nuict, les ennemis ne jectèrent qu'une bombe qui tomba encore sur la maison de M. Charles du Chasteau devant St-Martin au troupeau, et appertenant aux R. R. pères Chartreux qui estoit la 4ème tombé sur ladite maison.

SAMEDI 8 JUILLET

Conseil particulier. Messe et procession en l'honneur de St-Jean Bapte Cambiers, etc.

Le 8 de Julet conseil particulier fut tenu où fut leue la lettre de S. A. en date du 5 de ce mois, de laquelle avez veu le translat cy devant.[1] Ensuite d'icelle résolu que le Magistrat envoieroit quelqu'un de leur corps vers l'abbé de St-Jean, pour le requérir que a demain il vouldroit bien célébrer la messe solemnelle en son église et après icelle faire la procession par le cloistre en sadite église, en portant à icelle le relicquaire dans lequel repose le doigt de St-Jean Bapte. Et que devant icelle notre hérault revestu de sa coste d'armes, porteroit un cierge pour continuer en ladicte Eglise une 8aine aveccq promesse en cas de délivrance de continuer ceste dévotion tous les ans.

(1) « Le XIe d'aoust Franchois Michel lieutenant et M. Charles Gabriel Tordreau 2e pentionnaire, donnèrent acte à l'abbé de St-Jean, en desoulb de la copie de Lettre de S. A. en Espagnol et de la copie du translat en françois comment ils avoient esté député au Magistrat, et en suite esté prier ledit abbé de St-Jean qu'il vouloit célébrer la messe solemnelle en son église et fe la procession ensuite d'icelle lettre de S. A. » (S. L. B.)

Advouez l'accord fait avecq les cambiers, lesquels pour estre exempt de payer maltote pour la biere qu'il consommeront en leur mesnage, donneront prestement dix mille florins, et outre ce, avanceront pour la valeur de cincq mil florins de bierre pour les soldats, à payer ladite somme de 5000 fl. par la ville après la levez du siège.

Ordonné aux massars de furnir à la maistresse de l'Hostel-Dieu tant moins à la nourriture des soldats bleschez 600 fl. Come il n'y avoit plus de place audit Hotel-Dieu pour mectre des soldats bleschez et malades, le Magistrat fut authorise de cercher un lieu propre pour s'en servir.

Prières publiques.

Authorisé de rechef le Magistrat de faire célébrer messe par tous les monastères pour notre délivrance.

Ce jour le Magistrat feit célébrer une messe solemnelle avecq musicque au refuge de Fontenelle a l'honneur de l'image miraculeuse de la Vierge reposante audit lieu.

Et en suite de l'ordonnance susdite du conseil, le Magistrat ordonna de célébrer les messes cy après déclarées et a comencer à demain 9e du mois et continuer tous les jours durant le siège à scavoir :

A Ne Dame la grande par chacun jour — deux.

A léglise de Saint Jean — deux.

Au refuge de Maroilles,[1] par les religieux illecq refugié — deux.

Au refuge de Vicogne[2] par les religieux aussy refugiés en ceste ville — trois.

Au refuge de S. Saulve[3] de mesme — deux.

Aux Jésuistes — trois.

Aux Dominicains — trois.

Aux Carmes — trois.

(1) Voir S. Le Boucq, *Histoire Ecclésiastique*, ch. CXI, p. 288.
(2) id. id. id. ch. CIX, p. 286.
(3) id. id. id. ch. CXIII, p. 289.

Aux Recollectz — trois.

Aux Capuchins — trois.

Au refuge de Haspre[1] — une.

Par les Carmes deschaux, confesseur des Carmélines — une.

Ensemble 28 messes a célébrer tous les jours, ce qui s'effectua avecq toutte dévotion possible.

Bombardement. Escarmouche à Montoise.

Ledit jour les ennemis tirèrent fort du canon sur la ville notament l'après midy, sans faire grand dommage, et sur les quatre heures recommencèrent leur attacque à la prédicte pointe de la contrescarpe de la demie lune de Montoise qui dura jusques environ les dix heures du soir. Les notres aiant faict jouer une mine en emporta quantité en l'air, entre lesquels trois capitaines des gardes du Roy, les deux estans aultant que morts. Le commandant de St-Ghislain pria dom Fran[co] de Menesses de les luy laisser suivre pour les faire penser, et qu'il donneroit sa parolle pour iceulx pour mille pistolles de rançon. A quoy iceluy de Menesses dict n'avoir besoing d'argent, mais que sur sa parolle il estoit content de les laisser suivre, pourveu promesse qu'estans venus en santé, ils se reviendroit remectre entre ses mains, ce qui fut ainsy accordé, et le troisiesme qui n'estoit qu'estourdie de la véhémence de la mine, fut amenez prisonnier en la ville. Quantité de suisses et aultres y périrent aussi. Et de ce coup les ennemis recullèrent bien la longueur de deux picques, du lieu où ils estoient advanchez. De nostre costé y eult ung alfarez Espagnol tué et aulcuns de bleschez.

L'ennemy estant retiré, les notres réparèrent les palissades rompu par le canon et arrachez par les ennemis, et feirent un nouveau fourneau.

La nuict les ennemis, outre quantité de coups de canon

(1) Voir S. Le Boucq, *Hist. Eccl.*, ch. CXIIII, p. 291.

tirés dans la ville, ils y jectèrent trois bombes qui ne feirent aulcun effect considérable, entre autre l'une tombante dans la celule d'un R. Père Capuchins, elle ne lui feit aulcun mal combien que présent, parce quelle ne print feu.

Les susd. 7 et 8 les ennemis voians continuer la grande résistance que faisoient les assiégez, travaillèrent fort à la sape, resolu d'attacquer par les Carmes.

DIMANCHE 9 JUILLET. *Nouvelles de l'armée de secours. Prières publiques.*

Le dimence 9 julet du matin, arrivèrent deux cavalliers de notre armée du mont Hawie apportant lettre au duc de Bornonville, l'advertissant de la préparation qu'on faisoit pour nous secourir et des moiens pour y parvenir.

Pour donner advertance de l'arrivée de ces cavalliers, lon alluma les feuz par 4 fallots aux 4 coings du belfroy sur les unze heure et demie du matin.

L'office reprins au conseil du jour précédent se feit en l'église abbatialle de St-Jean ou Messrs du Magistrat se trouvèrent en corps, et le prélat célébra la grand messe ; et à loffertoire la prédication se feit par le R. P. Jésuite, et fut faite une octave.

Ordonnance au sujet des projectiles.

Par ban publicq et ordonnance du Magistrat, fut ordonné que tous ceulx qui auroient en leur possession quelque balles de canon de 25 lt. de pois et au desoulb, bombes ou grenades jectez et tirez par les ennemis, auroient à les apporter promptement à la monition, où leur en seroit donné la valeur raisonnable, a peine que les contrevenans seroient pugnis.

Poudre.

Les maitres des munitions feirent ce soir à six heures, advertire le conseil de guerre, qu'au magasin de la ville ny avoit plus que cent et trente tonnes de pouldre sans toucher à ce qu'on en fabriquoit tous les jours.

Escarmouche à Montoise.

Environ les noef heures du soir, les gardes suisses recommencèrent l'attacque fort furieusement sur les pointes de la contrescarpes de la demie lune de Montoise, où furent jouez des mines de part et d'autre, et nonobstant la grande descharge de mousquetade et un nombre infinie de grenades qui dura plus de deux heures, les ennemis, nonobstant la grande perte de leurs gens emportans les palissades, se logèrent sur la pointe de la contrescarpe, de laquelle ils ne feirent grand profit car ils ne s'en sont peu servire pour passer plus oultre. Au contraire ils ne s'y osoient tenir non plus que les notres : de sorte que ceste pointe estoit à l'abandon. Durant ceste attacque, la corne gardé par le régiment de la Mottrie, ne fut exempt d'entretien et en furent si incommodez que 15 à 16 des leurs furent bleschez.

Bombardement.

Ladicte nuict, les ennemis tirèrent nombre de coups de canon travers la ville et y jectèrent trois bombes. L'une desquelles tomba en la ruelle Biset, dans un grenier ou y avoit du foin qui s'alluma bien fort, mais fut bien tost esteint par la diligence qui apportèrent les Religieuz Jésuistes et ordres des mendians, qui feirent un grandisime debvoir. La seconde tomba en la Vieswaree sur la maison de la vesve Verrier où elle feit du grand dommage, et la 3e vint à tomber dans le jardin de Jean le Clercq mayeur de ceste ville, scitué en la rue Cardon où elle feit une fosse grande assez pour enterrer un cheval.

LUNDI 10 JUILLET.

Ordonnance enjoignant aux bourgeois de se tenir prêts au 1er signal.

Le 10e du susdit mois de julet, fut publié et ordoné a tous bourgeois, manans, habitans et paysans refugiez, qu'au premier son de la cloche du belfroy qu'un chacun d'iceulx auroit à se trouver avecq armes, aux portes de Cardon ou de Cambrisienne, pour estre envoyez ou disposez la part qu'on leur ordonneroit, et seconder le secours que S. A. se disposoit à nous donner.

Par le mesme ban fut aussi interdict et défendu à tous bourgeois et autres manans montans en parade, ny aultrement de nuict, ny de jouer, de lascher, ny tirer aulcun traicts a poudre, le tout a peine de correction arbitraire.

On fait jouer une mine à Poterne.

Sur les unze heures à midy ceux du régiment du comte

de la Mottrie, estans dans la corne devant le bolvere de Poterne, feirent jouer une mine qui renversa les logemens des ennemis, et en feit voler divers d'iceulx pour porter les nouvelles de ce siège en lautre monde.

Conseil particulier. Lettre envoyée à S. A. Affaires d'argent. Compagnies bourgeoises.

Le conseil particulier fut assamblée a la mesme heure, où fut ordonné de dépescher lettres à S. A. l'advertissant de notre estat et le supplier que son bon plaisir fust de nous venir bien tost secourir, en délivrant la minute au duc de Bornonville, pour le mectre suivant son ciffre, et le prier del'envoier au plustost.

Les maistres de la cour St-Denis demanderent nouvelle provision pour payer les ouvriers estans en grande nécessité et nombre.

Veue et ouy la plainte qu'on faisoit desdits maistres, fut ordonné aux massars de mectre en main de Jacques de Bonnier et Ph. Malapert eschevins, la some de mille florins pour estre par eulx distribué aux ouvriers.

Les sergeans de la compagnie des jeunes gens demandèrent quelque sallaire pour leurs travaux journaliers. Authorisé le Magistrat de leur donner quelques gratis[1]

Remontre que les soldats se plaignoient fort de la bierre qu'on leur donnoit, scavoir si on leur en donneroit à 3 vasseaux.

Pour encourager lesdits soldats, après que la bierre brassée au mencau sera esseillé, l'on leur poldra en faire brasser a trois vasseaux.

Moulin à poudre.

Le nouveau molin a eaue pour faire pouldre scitué tenant le molin du Fossart, commencea à travailler cejourd'hui mais ne faisoit tel effect quon nous avoit promis ne faisant par jour que tout au plus 75 lt. de poudre.[2]

(1) « ... leur ordonne 72 lt. » (S. L. B.)

(2) « Noté qu'en 33 jours il ne fabricqua en tout compris que 2071 lt. de poudre qui est environ 63 par jour au lieu, qu'il s'estoit vanté de nous en faire avecq ce molin 600 tous les jours. Voyez la grande fourbe, nous aiant si mal à propos faict exposer tant d'argent pour l'érection de ce bon moulin. » (S. L. B.)

Bombardement

La journée se passa par divers cannonades tirez sur la ville. La maison des R. R. pères Récollets en receut des mareques. De mesme l'église de St-Vaast a Glatignies[1] eut une balle qui traversa une des verrières du cœur.

Escarmouche à Montoise.

Sur les 4 heures après midy, les ennemis recommencèrent furieusement leurs attacques aux lieux ordinaires hors montoise, ce qu'ils continuèrent jusqu'à environ les 12 heures de la nuict sans néantmoins rien avancher ni gaingnier un pied de terre, mais bien la perte de plusieurs des leurs. Ils furent si près les uns des autres qu'ils s'arrachoient de main à main les fascines. Les notres feirent jouer deux mines qui ne feirent si grand effect que les précédentes les aians faict jouer trop tost, les ennemis en feirent aussi jouer une qui renversa la pointe de la contrescarpe de l'ouvrage à corne gardé par le régiment de la Motterie. Durant cest attacque les ennemis ruinèrent par leurs cannonnades notre pont ordinaire sur l'Escault proche ladite corne qui ne nous feit préiudice parce qu'on ne se servoit plus d'iceluy, aussi avions nous résolu d'y mectre le feu crainte que les ennemis ne s'en fussent servy.

Travaux des ennemis à la digue de Bourlain.

Les ennemis travaillèrent tout ceste journée à leur dicque de Bourlain qu'ils ne scavoient faire tenir au ferme, estant de 11 à douze pieds de hauteur. Ils y mectoient quantité d'estacques pour le faire tenir ferme, mais rien ny assistoit à raison que l'eaue s'eslevoit, et a faict qu'icelle montoit il falloit le relever a ladvenant de nouvelles fascines. En fin ce leur fut une besongne de grand frais et labeur et qui ne leur vint nullement à profit et ne s'en sceurent servire.

Signaux faits pour hâter l'arrivée de l'armée de secours.

Comme les ennemis avoient fait sauter la pointe de la contrescarpe de l'ouvrage à corne, crainte qu'ils n'avan-

(1) Glatignies vient de glacia glacis esplanade. il y avait à Paris une rue mal famée de ce nom. (Almanach 1884. p. 80.)

ceroient davantage, on meit la nuict des tourteaux ardans au bout de notre belfroy pour faire parte aux généraux de notre armée. Estant cecy le signal d'advertance en cas que viendrions à perdre quelque chose. Sur quoy ceux de l'armée lâchèrent deux coups de canon, pour aussi nous advertire qu'il avoient veu nos feux. Et cependant les escarmouches continuoient toujours bien fort de ceux de notre camp sur le quartier des Lorrains qui n'estoient trop à leur aise.

Ceste nuict les ennemis ne jectèrent aulcune bombe dans la ville.

MARDI 11 JUILLET. *Mort d'un bourgeois.*

Sur les 3 1/2 heures du matin du 11e dudit julet, Robert Lescuillet, fils Loys estant de garde hors Montoise, sestant advanchez de regarder par desur les parapetz pour y veoir la posture des ennemis, receut ung coup de balle au front, lequel le porta au tombeau et fut le deuxième bourgeois qui fut tué depuis le siège.

Bombardement.

Ledit 11e ne se passa chose de remarque. Les ennemis ne feirent aultre chose que tirer leur canon travers la ville sans faire aultre dommage que percer aulcuns toictz et murailles, cheminées et choses semblables, l'église du Béguinage[1] fut percé d'une balle.

Escarmouche à Montoise.

La nuict les escarmouches furent à l'ordinaire et les ennemis se maintindrent dans les pointes des contrescarpes tant de la demie lune de Montoise que d'ouvrage à corne devant le bolverc de Poterne, sur lesquelles les ennemis meirent 4 pièces de canon en batterie qui ne feirent de grands effects.

Ceste nuict ne furent aussy jectez aulcunes bombes et lon meit encore du feu au boult de notre belfroy pour

(1) « Ce Béguinage occupait l'espace entre la rue Ste-Catherine et la rivière de ce nom. L'église qui fut longtemps une paroisse, ouvrait son portail du côté de la rue Delsaux. Un certain nombre des habitations des béguines subsistent encore dans la ruelle dite du béguinage. » (*Mém. hist.*, t. IV, p. 152).

advertire que les ennemis se maintenoient es pointes sus-dites.

MERCREDI 12 JUILLET. *Bombardement.*

Le 12e de bon matin les ennemis recommencèrent à tirer plus fort que devant dans la ville, faisans les dommages ordinaires de peu de considération. La chapelle de Ne dame de Montagu à St-Jean en receut aussi ung esclat.

Conseil particulier. Munitions. Sur le secours promis. Discours du duc de Bournonville, sa mésintelligence avec dom Francisco de Menesses.

Le Conseil particulier fut assamblé où de prime abord Martin Bretel et Me Jean de la Warde Mres des munitions aveeq le conseiller Tordreau, furent députez vers le duc de Bornonville pour lui remonstrer l'estat de nos munitions qui estoient tellement diminuez. qu'il ne nous restoit plus que cent et treize tonnes de poudre de 80 lt. chacune, l'une parmy l'autre, et que nos deux mollins ordinaires nous en faisoient environ trois cens tous les jours, sans scavoir encore au vray ce que nous en renderoit le nouveau molin à eaue. De plus pour scavoir de luy, s'il avoit envoyez notre lettre à S. A., reprinse au conseil précédent affin de le presser de nous venir secourir si elle estoit envoyez, le prier d'envoier ung duplicata, et en cas que notre sus-dite lettre n'aurait este envoiez, et n'auroit sceu passer, qu'il voudroit faire donner le signale qu'il disoit sçavoir, pour faire advancer notre secours. Ce qu'estant proposé avec ledit duc, il vint aveeq les susdits députez au conseil où il feict de long discours, asceurant que notre lettre estoit envoyez et que si désirions qu'il envoyasse un dupli-cata, qu'il le feroit. Mais que pour tout cela que ne deb-vions nullement doubter du secours qui infailliblement nous seroit donnée dans peu de jours. Et que le retarde-ment ne nous debvoit affliger puisque le tout se faisoit pour un mieulx. Et regardans l'un et l'aultre au dit con-seil il dict. « Je ne voy pas un d'entre vous qui at la face triste, ce qui me fait croire qu'avez tous bon courage et bonne volonté de vous défendre. » Puis discoura sur les deffences à faire aux remparts en cas que les ennemis viendroient à emporter nos ouvrages de dehors depuis la rivière d'Escault jusqu'au bolverc derrière les Capuchins, et par ainsy qu'il estoit du tout nécessaire de la nuict prochaine mectre bas le mur de l'enclos desdits Capuchins, pour par dedans leur jardin faire ung second parapette.

De plus il rentra des mésintelligences qu'il y avoit entre luy et dom Franco de Menesses que les bourgeois aimoient extrémement, ce qui ne mectoit pas peu en peine la bourgeoisie, craindant qu'il en fut arrivé quelques malheurs, et de faict estoit une affaire fort dangereuse. Au reste iceluy duc pour toutte raison répéta par diverses fois, qu'iceluy de Menesses estoit ung sot, à quoy il n'avoit guerre de raison, puisquon voioit le contraire en la générosité et bon conseil que donnoit journellement ledit de Menesses, ce qui le faisoit aymer d'un chacun, ou qu'au contraire ledit duc n'estoit veue de bon œil, les occasions les laissant en arrière. Au reste après tous ces discours il se retira.

Brasseurs. Puis après le conseil délibéra sur les autres affaires. Fut représenté que les brasseurs n'avoient encore volu passer leur contract à raison qu'il leur mancquoit encore 2100 fl. pour furnire aux dix mille fl. Sur quoy le Sr de Warlain offra d'en donner 700, le conseiller Tordreau 700 et le licentié en médecine Brebon, les autres 700 fl. avecq quoy en ordonna de passer oultre.(1)

Munitions. Mre Jacques Perdry fondeur d'artillerie exhiba ung billiet par lequel il demandoit qu'on lui donnasse promesse

(1) Pour furnire aux dix mille fl. des brasseurs :

Sire Simon Le Boucq at furny	....	fl.	2100
Thomas Hardy —	....	fl.	2800
Anthoine Hardy —	....	fl.	1400
Sire Claude de Hennin —	....	fl.	700
Ch. Gabriel Tordreau —	....	fl.	700
M. Pierre Brebon fils	....	fl.	700
Aymerie Recbois qui fut brasseur		fl.	1600
		fl.	10000

de paiement de la livrance de six mil lt. de plomb qu'il avoit jà faict, offrant en livrer encore trois mille. Item pour les grenades de cuivre qu'il avoit jectez, pour celles qu'il cergeoit pour les voitures et choses semblables. Sur quoy fut ordonné lui donner promesse de paiement en son temps. La vefve Jean des Arbres, tallandier, demanda aussi asceurance de paiement pour le fer qu'elle livroit aux serruriers et mareschaux pour faire grenades. Résolu d'en respondre.

Entretien des blessés.

Les eschevins comis aux soldats bleschez et malades en suite de l'ordonnance de ce conseil du 8 de ce mois, déclarèrent avoir trouvé une grange propre proche les Repentines, pour mectre partie d'iceulx et que Jean Honoré mesager de la ville, estoit content d'entreprendre les entretenir et nourrir pourveu 12 patars de chacun par jour et à condition de lui livrer les calits pour les coucher, et les linges qu'il conviendra avoir pour leurs playes, ou bien moiennant 13 patars par jour estoit content livrer lesdits linges. Item estoit aussi question de pourveoir de médecin chirurgien et apoticaire, de quelque quantité de chemises pour ceulx qui en auroient de besoing, et d'une maison proche ladite grange pour y faire la cuisine.

Authorisez lesdits comis pour s'accorder et furnire à ce qui se requéroit, ordonnant aux massars leur furnir tant moins aux frais à faire, la some de six cens florins.

Ordonnance contre les paysans.

Come l'on ne sçavoit corriger les paysans réfugiés, contre lesquels il se falloit garder de mesme que contre les ennemis, il fut de reschef publié par ban leur ordonnant qu'ils auroient à prendre service soit à la solde ou au travail, ou bien faire garde soubz les compagnies bourgeoises, avecq défence à tous bourgeois où ils logeoient, de les soustenir en cas qu'ils ne prendoient l'une des susdites conditions, le tout à peine de pugnition arbitraire.

Les femmes et les enfants sont employés aux fortifications.

Item fut aussi ratifié et ordonné, que touttes femmes et enffans auroient à aller porter la hoste la parte qu'on leur ordonneroit, pour travailler aux fortifications et qu'à chacun d'iceulx seroit donné un pain pour leur assister à vivre.

Compagnies bourgeoises.

Le soir on feit monter quatre compagnies bourgeoises de garde pour la meilleure défence de la ville, encore qu'un chacun estoit bien fatigué.

On fait jouer des mines à la Poterne.

Les ennemis estant sur la pointe de la contrescarpe de la corne devant le bolverc de Poterne travaillans en diligence avecq fascines, pour advancer plus avant. Environ les six heures du soir, le Sr Farreau qui y commandoit comme major du régiment de la Mottrie feit jouer deux mines leflet, desquels fut des plus violent.(1) Car outre ceux qui furent emporté en l'air, plus de 50 du régiment de la Ferté furent entéré : entre lesquels le lieutenant d'iceluy régiment et quatre capitaines. Les corps desquels furent retirés par une cession d'armes qu'il convint faire. Et ceulx qui furent encore trouvés vivants, furent prins prisonniers et amenés dans la ville. La perte fut notable pour les ennemis et plus de deux cent cinquante y demeurèrent tant morts que bleschez.

Attaque à Montoise. Bombardement.

Comme de coustume, sur les dix heures du soir les ennemis donnèrent encore une attacque aux espagnols, mais en furent repoussez de mesme qu'aux aultres. Durant la nuict ils tirèrent divers coups de canon dans la ville endommageans divers maisons, mais ils ne tirèrent nulles bombes.

JEUDI 13 JUILLET.

Le 13 Julet du matin, les ennemis tirèrent divers coups de canon sur la maison de la Tourelle, où aulcuns de nos

(1) « Plusieurs desdits ennemis furent veus voller sans aisles entre autres le lieutenant général d'Espiez comme aussi le Bourau lieutt Colonel de la Ferté » (R. 67.)

bigornieux tenoient bon, mais voians qu'ils ny profitoient rien, cessèrent sur le midy.

Munitions.

Après midy en présence du prévost de la ville, de moy comme surintendant des munitions, et des deux maistres d'icelle ammonition, traicté avecq Franchois de Leaue poudrier de la résidence de Douay lequel avoit de son invention faict drescher notre nouveau molin à eaue sur la rivière du Fossart. En sorte telle qui lui livrant 80 lt. de salpêtre, et six lt. de souffre il y appliquera et livrera quatre lt. de charbon, avecq quoy il nous rendra 90 lt. de poudre, et pour sa façon aura six florins de chacun cent de pesant.

Si at esté prestement donné audit poudrier pour avoir instruict aux ouvriers la fabrication de ce molin, où y emploiye environ dix jours, cinq patacons.

Durant ce jour les ennemis ne tirèrent qu'environ vingt coups de canon dans la ville, dont l'un perça le clocher des religieuses Urbanistes.(1)

Attaque à Montoise.

La nuict les ennemis feirent les attacques à l'ordinaire sur les dehors de Montoise mais le tout en vain, et ny gaignèrent ung pied de terre, nous jectames avecq notre nouveau mortier deux bombes dans leurs boyaux.

Arrivée d'un espagnol porteur d'une lettre de S. A.

De loing de la nuict on alluma par six fois du feu au Belfroy, et à chaque fois ceulx de notre armée feirent pareil signalle. Et S. A. envoya un capitaine espagnole qui vint à la nage travers nos eaux audict maretz de Bourlain, et passa à travers le pont ou dicque des ennemis, arriva heureusement avecq ses lettres adreschantes au duc de Bornonville, icelles contenantes, qu'aurions bien tost un prompt secours.

VENDREDI 14 JUILLET.

En suite duquel advis Messieurs du Magistrat envoièrent le matin du 14e à touttes les maisons de Religions

(1) Les Urbanistes ou Clarisses s'établirent à Valenciennes en 1653 dans une partie de la Salle le Comte. (*Statist. Archéol.* p. 70. *Mém* T. IV, p. 210.)

hommes et filles leur ordonnant de redoubler les prières affin d'estre secondez de nostre bon Dieu.

Inondations. Armement d'une flotille.

Ce matin du 14 arrivèrent encore deux cavalliers de notre armée apportans les duplicata de lavant-dernière lettre, pourquoy à midy on meit encore le feu au belfroy pour donner advertence de leur arrivée. Après-midi on rompa le rampart proche la porte de Notre-Dame[1] (laquelle estoit en partie bouchée a raison de la hauteur des caulwes) du costé de Cambrisienne, croiant par la avaller dans l'eau le basquet de Condé qui estoit à notre rivage, mais il fut impossible l'avoirs dehors de sorte qu'il s'en fallut passer, combien qu'on avoit préparé et même presché ladite rupture. Six petites pièces de canon ou fauconneaux destiné pour mectre sur ledit bacquet, mais il se falut passer de 8 autres petis bacquetz ordinaires, que passé quelque temps, on avoit menez par ladite porte Ne-Dame lorsque les eaues n'estoient si baultes; les dicts bacquets tous armés de dosses allentour à l'épreuve du mousquet et destinez pour y mectre des gens dessus pour aller donner lalarme au pont des ennemis à Bourlain et faciliter par ce moien l'entrée de notre secours, comme ils feirent aussi en son temps. Combien que les ennemis adverty de cet armement de batteau, avoient ce jour faict une redoute de fascines eslevé au milieu de leur dit pont ou dicque, travers Bourlain, auquel pont suivant le rapport des principaux officiers de l'armée ennemie furent emploiez plus de six cent mille faschines, sans grande quantité de gros bois y applicqué pour tascher le faire tenir au ferme a quoy ils ne sceurent jamais parvenir.

(1) La porte Notre-Dame (porte de Paris actuelle), se trouvait au temps de Bauduin, sur le canal du Petit-Bruille, vers le nº 137 de la rue de Paris. (*Mém.* T. IX, p. 116.)

En 1656, elle était un peu en avant, sur l'alignement de la grande courtine de Paris. Elle fut encore avancée en 1766-67, quand on construisit le bastion Notre-Dame. (Nº 99.)

Soubz l'espèrence qu'on avoit que notre secours debvoit arriver la nuict, le Magistrat feit monter en garde touttes les huict compagnies bourgeoises celle de la jeunesse et les soldats en solde. Et sur les dix heures et demye du soir toutte la cavallerie de garnison se trouva à la porte d'Anzain avecq plus de trois mille bourgeois et manans volontaires, tous disposez à seconder le secours mais rien ne parut ceste nuict.

L'on laissa aussi couler les caulwes par la tenue d'Anzain affin d'inonder les maretz de l'Espaix, ce qui feit une bonne opération mais causa bien du mal, a raison que le lendemain matin crainte que l'eaue fut par trop escoulé, on eult bien du mal de resserrer le secret ce qui se feit à force de gens, nos bons maitres aians levez 10 plances au lieu qu'il suffisait de quatre.

Prières publiques.

Pour implorer l'assistence divine toutte la nuict les Eglises furent ouvertes et remply de peuple qui sans cesse imploroit l'intercession de la glorieuse Vierge et des sainctz pour estre délivré de ce siège et éviter la ruine que leur eult causé le changement de monarchie, ne redoubtans rien plus que de tomber es mains de cette insolente nation françoise, qui ne gardent loy, foy, ny promesse, n'usant que d'un pur libertinage et vivans en athée et traitant les peuples des villes de leur conquestes pire que ne font les Turcqs, ce qui nous les rendoit si odieux qu'on sceut mis jusqu'en a la desespérade plutost que de tomber en leurs mains. Les douze heures de la nuict arrivé l'on comencea par toutes les susdites églises à célébrer messes ; le R. prélat de Hasnon célébra en pontifical dans son église de N^re-Dame-la-Grande et ainsi des aultres personnes ne s'espargnoit en ceste occasion si pregnante.

Bombes.

Ceste nuict les ennemis ne feirent aulcune attacques, se contentans d'escarmoucher doucement, et jectèrent seulement deux bombes dans la ville l'une creva en l'air vers les Chartreux, et l'autre tomba aux environ de Beaumont sans faire de dommage.

SAMEDI 15 JUILLET. *Préparatifs.*

Sur les trois heures et demie du 15e notre cavallerie soldats et bourgeois auxquels le Magistrat avoit donné à tous pour se recognoistre en la meslée, s'ils y fussent venu, ung liceton de saiette rouge et un blan qu'ils avoient mise à leurs chapeaux, rentrèrent dans la ville pour se délasser de la fatigue qu'ils avoient eu la nuict. Ledit 15 l'ennemi ne feit aultre chose que tirer quelques coups de canon sur la ville au matin et de mesme sur le soir.

Signal du secours.

Sur les 12 heures a midy, l'on lascha à notre armée du mont Hawie ung coup de canon, et avecq quelque intervalle aultres six coups de suite, qui estoit l'advertence asceure que la nuict suivante on nous viendroit secourir. Doncq pour faire scavoir qu'avions bien entendu ce signal, aussitost on alluma des tourteaux au boult de notre belfroy.

Préparatifs de part et d'autre.

Environ les 8 h. du soir l'on feit assambler touttes les 8 compagnies bourgeoises et autres, come aussi le Magistrat en corps fut en pied come il avoit aussi este la nuict précédente, le tout en attendant le succès du secours. Les ennemis scachans aussi qu'on se préparoit, se meirent aussi en pied aux advenues pour tascher de l'empescher, ce pourquoy nous laissèrent paisibles sans faire aulcunes attacques.

Prières publiques.

Les Eglises demeurèrent ouvertes toutte la nuict où le peuple ne mancquoit à faire des dévotions en tout extraordinaire. Aussi notre bon Dieu exaucca les prières et nous délivra du grand malheur qui estoit apparent arriver sur ceste ville tant catholique et qui couroit risque d'estre gasté des hérésies, le chef et pluspart de l'armée assiégeant en estant infecté, en sorte telle qu'à touttes attacques et aultrement, ils crioient après ceulx de la ville, qu'ils allassent implorer l'assistence de leur « lavandière » entendans parler de la vierge sacré, et aultres propos scandaleux et damnables, aussi Dieu les punit de telle sorte qu'on en aura mémoire de plusieurs siècles.

Sortie de la flotille qui attaque la digue de Bourlain.

L'on feit aussi sortir les petits batteaux esquipez come devant est dict, et en estoit le principal conducteur nostre cannonier Pierre de Chaudegnies. Et sur iceulx on avoit mis plusieurs volontaires entre lesquels le capitaine Michel Arnoult Conrard qui feit un grand debvoir, et alans iceulx droit à la dicque au pont de Bourlain, y donnèrent une telle espouvante par quantité de grenades qu'ils y jectèrent, que cela n'apporta peu à notre secours, empeschans les allées et venir de secours qu'ils eussent peu faire par là de l'ung des quartiers à aultre. Encore qu'ils y passoient en grand peine, aussi plusieurs qui se trouvèrent desur et autres taschans y passer, n'allèrent guerre loing, et y finirent leurs jours. Venant doncq au principal :

Préparatifs de l'armée de S. A. pour nous secourir.

S. A. s'estant entièrement résolu de secourir ceste ville tant importante pour le pays, feit donc le 14 retirer tout le bagage de l'armée vers Bouchain, affin que cestuy neult donné aulcun embarras à l'entreprinse, puis feit le 15me drescher unze ponts sur la rivière d'Escault en deça de Denain, où il feit en son temps passer les trouppes laissant néantmoins en deça de la rivière vers le mont Hawie, un régiment de dragons des trouppes du prince de Condé avecq deux pièces de canon, affin de donner quelque ombrage aux ennemis d'une retraicte, et aiant le tout disposé la parolle du guet de ceste armée fut « JESUS-MARIA », qui fut une augure d'un bon succès. Les soldats pour se recognoistre avoient mis à leur chapeaux une trousse de paille ou de la verdure.

Concours apporté par la garnison de St-Amand.

D'aultre costé S. A. avoit ordonné environ quatre mille hommes de St-Amand soubz la conduicte de Monsieur Marcin pour en mesme temps que nostre armée donneroit, faire aussi pareil debvoir du quartier de Buvraige et Trous

Maroy. Le mot du guet estoit à ceste troupe « VALENTIENNE ET MARCIN » et tous avoient au chapeau l'enseigne comme desur. Ceulx de la ville qui n'aspiroient rien plus que le secours se meirent aussi en debvoir. Environ quatre mille bourgeois se trouvèrent à la porte d'Anzain pour l'attendre et le seconder, de mesme se trouva le duc de Bornonville aveq notre cavallerie de garnison et quelque infanterie ; et tant bourgeois que soldats avoient au chapeau pour signacle et se recognoistre un liceton blanc et un rouge.

DIMANCHE 16 JUILLET. *Signal de l'attaque.*

Quand ce vint environ les 1 1/2 heure du matin du 16, jour de la solemnité de S. Sacrement de Miracles à Bruxelles, et la feste principalle de notre dame du mont Carmel, pour le signal de la marche et advance, l'on lascha au mont Hawie un coup de canon, et après quelque interval se laschèrent encore deux coups, au son desquels chacun se meit en debvoir d'advancher vers les lignes des ennemis.

Détails du combat. Défaite de la Ferté Senneterre.

Touttes les affaires disposez come desur et ce signacle donné pour attacquer, chacun se meit en debvoir à l'heure susdite, de environ les une heure et demie. Marcin aveq le coronel Verkeest venu du costé de St-Amand furent les premiers qui donnèrent dedens sur le quartier du mareschal de la Ferté Senneterre, où il y eult de la forte besongne, et nonobstant qu'ils furent repoussés par deux à trois, si est qu'ils affranchirent les lignes, et s'en rendirent les maitres. d'aultre costé le gros de notre armée feit son debvoir. Le Prince de Condé commandant l'aisle gauche, et le marquis de Carracène la droite. S. A. allant de part et d'autre animant les soldats, affin de faire leur debvoir, les attacques furent fort furieuses et les grenades voloient comme pouvillons de neige, et nonobstant la grande résistance qui se feit en ces endroicts, qui estoit vers les Pierres Jumelles en opposite de la cense de Hurtebise, et qu'au devant des lignes y avoit double palissades voire à aulcuns costé trois, si est ce que tout fut forcé, et les ennemis abandonnans canons tentes et bagages, se meirent à fuire à qui mieulx mieulx vers Condé, avecq une perte si notable de morts et prisonniers qu'ils en auront mémoire de plusieurs siècles. Les bourgeois et soldats sortys de la ville ne manquèrent aussy à leur debvoir, et monstrèrent leur générosité. Ceste attacque dura tout au plus une bonne demi-heure et n'alla jusques à 3 h. du jour. Si tost que les lignes furent gaignés et que notre gendarmerie les passoient, le duc de Bornonville envoya sitost dans la ville faire sonner la baucq cloche au belfroy pour en advertire tout le peuple, ce qui fut faict environ les 2 1/2 heures du matin; et fut sonné une bonne demi heure à pleine volée, ce qui renda une joy non pareille dans la ville. Aussy tost on feit aussi lascher les eaulwes par nos secrets, lesquelles se répandirent en telle abondance vers les Trous Maroy que quantité des ennemis y furent neyez et grand nombre de leurs chevaux. Ces eaue les estonna fort en ce lieu, parce que le jour auparavant, ny durant le siège, ils y avoient tousiours passé à pied seiche et n'y avoient veue d'eaue. Mais l'abondance qu'il y avoit de cest élément, causa ung débordement notable qui causa la mort de plusieurs, et ceulx nosans s'en tirer, aimèrent mieulx deumeurer à la merchy des notres, et se rendre prisonniers.

Retraite de Turenne.

Le mareschal de Thurenne entendant sonner notre cloche s'asceura incontinent que le tout alloit mal pour luy, et n'aiant soing de son canon munition ny bagage feit incontinent mectre les trouppes qu'il avoit de son qartier en bon ordre pour les sauver, comme il feit, mais l'esquipage demeura derrière.

Entrée en ville des troupes espagnoles.

Les notres aiant défaict come desur le quartier de la Ferté-Senneterre, où y avoit au moins douze mille homes tant cavallerie qu'infanterie, qui furent entièrement délabrez et gastez, se meirent en debvoir pour traverser la ville et en aller faire de mesme au quartier de Thurenne vers S. Saulve, et commencèrent à entrer dans la ville sur les 4 heures du matin. N'estans à obmectre que S. A. aiant passé les lignes et trouvant notre bourgeoisie, donna la main à l'un d'iceulx appellé Melchior Doisy sergeant de bande de la compagnie bourgeoise de sire François de Dixmude, à ce jour prévost de ceste ville, alors chacun commencea à crier « Vive le Roy et S. A. » et les soldats vainqueurs à l'encontre crioient « Vive les bourgeois de Valentienne ». Et ainsy chacun se carressoit en ceste heureuse entrevue. Notre gendarmerie sçavoir la cavallerie, entrèrent en diligence par les portes d'Anzain et Tournisienne, hastans le pas aultant qu'il estoit possible, mais l'infanterie ne povans si tost suivre, cela fut cause que Thurenne eult le temps de sauver ses trouppes. S. A. le prince de Condé, le marquis de Caracène et aultres chefs, entrèrent par la susdite porte Tournisienne, et tous sortirent avecq la gendarmerie par Cardon. S. A. arrivant vers le grand Marché, le Prévost et aulcuns du Magistrat le saluèrent et lui présentèrent un traict de vin pour le rafraischir, mais il dict qu'il n'estoit temps et falloit poursuivre la victoire. Et de faict passa oultre et nonobstant que notre cavallerie estoit jà hors Cardon, les ennemis furent si téméraires qu'ils laschèrent encore trois coups de canon sur la ville, dont le dernier coup donna sur le derrière de la chapelle de St-Ghislain en l'église de N[e] Dame la grande (qui jusques lors n'avoit receu aulcun dommage durant le siège), perça la table d'autel, et alla tomber proche la chaière confessoire à l'opposite sous la carrolle. Au reste la susdite cavallerie alla aux boyaux où se feit grand massacre des ennemis, et si la gendarmerie eult sceu sortir par Montoise il n'en fut pas eschapé ung. Mais durant les attacques avoit esté trouvé convenir de rompre le pont de la susdite porte pour se fortifier, cause qu'il convenoit aller par Cardon.

Retraite de Turenne vers le Quesnoy. Entrée de S. A. en ville.

Le mareschal de Turenne aiant mis ses trouppes en bon ordre vers Préseau, feit semblant de vouloir donner une attacque aux notres,[1] mais n'advancea guerre, aians rebroussé chemin bientost vers le Quesnoy,[2] cerchant après ung lieu propre pour se mectre en asceurance avecq le reste de ses trouppes, ce que S. A. apperceevant après avoir donné les ordres pour l'assiette de notre armée qui se meit aux environs de Saultain, elle rentra dans la ville sur les 9 heures du matin par la porte Cambrisienne, et alla descendre en l'église de St-Jean pour y honorer la Relicque dudit Sainct, laquelle il baisa par trois fois, puis y intendit la basse messe durant laquelle on chanta le « *Te Deum Laudamus* », lequel achevé sa dicte A. sortant, le Magistrat en corps le saluèrent et félicitèrent de sa glorieuse victoire, à quoy il leur dict : « Or bien ne me suis-je pas acquité de ma promesse ». De quoy l'aiant remercié, il se retira a Vicognette où estoit destiné son logement, le Prince de Condé à Malaunoy, et le Marquis de Caracène à Maingoval.[3]

Sur les six heures du matin dudit jour on commencea à sonner aux églises et à faire aller les appeaux et carillon

(1) Turenne et tout son Esquipage,
Canon, atirail et bagage,
Munitions, et cætera,
Au petit pas se retira,
Et l'on tient que ledit Turenne,
Ayant campé dans une Pleine,
Et s'étant en bon ordre mis,
Ofrit bataille aux ennemis.
(Loret, Let. XXIX, 22 juillet, p. 220).

(2) *Lettre de Le Tellier, Secrétaire d'Etat, au Vicomte sur sa belle retraite.* — « Par votre prudence Monseigneur, et par une conduite vigoureuse, vous avez rétabli la réputation des armes du Roy. En vérité il n'y a rien de plus beau que votre campement près du Quénoi après la deroute de Valenciennes, d'avoir ainsi fait tête aux ennemis fort orgueilleux jusques dans leur pays même, et de les avoir obligé à se retirer quoique victorieux, c'est un coup qui n'appartient qu'aux grands maîtres dans l'art militaire. » (Ramsay, *Hist. du Vicomte de Turenne*, T. 1. p. 316).

(3) Sur l'emplacement de l'arsenal actuel, rue de l'Intendance.

des orloges que depuis le 30 juin dernier avoient esté en silence.

Butin.

De vous dire et déchiffrer le butin et richesses que nos soldats et bourgeois rapportèrent dans la ville, il me seroit impossible. Depuis le grand matin et toutte la journée, lon ne voioit que ramener chevaux et charettes, en si grand nombre, que touttes les rues de la ville estoient couvertes. Jamais ne se veit tel vacarme, plusieurs eulrent aussi de grands butins en or et argent monnoyé et vaisselles ; capottes, habits et aultres hardes ne manquoient. De sorte que ledit butin estoit inextimable. Et au dire des ennemis mesme, la France depuis cent ans n'avoit eu une semblable perte, et de faict toutes les forces de la France avoient esté exposées pour subjuguer ceste ville, soubz espoir que par ceste conqueste, ils fussent venu a boult du reste du pays, mais notre bon Dieu et la Vierge les en a gardé.

La garnison française abandonne la tour de Raismes pour se réfugier à Condé.

Les soldats ennemis qui gardoient la tour de Raismes voians les trouppes de la Ferté en désordre et s'enfuir vers Condé, crainte d'avoir pire, abandonnans la place se meirent à fuire au grand galop pour se saulver au mieux possible. Mais ils estoient attendu en tant de costé, que c'estoit hazard quand ils eschapoient. Et estoit un grand pitié d'estre en ce temps en la ville de Condé, où l'un abordoit avecq un coup sur la teste, l'aultre une épaule avallée, une oreille et choses semblables, oultre quoy ces povres misérables pour se sauver leur avoit falu passer les eauwes. En sorte que plusieurs y avoient esté plongé dedans jusque au menton et quantité par faiblesse et aultrement y laissèrent la vie comme avons jà dict auparavant.(1)

(1) « Durant le siège les ennemis ne feirent aulcune fouille à l'abbaye de Vicogne, et ne touchèrent en aulcune façon à l'église ny aux bastimens d'icelle, laiant réservé sur prétexte qu'ils fussent venu à boult de la ville de Valentienne et que le Roy de France, venant à résider quelque temps en la susdite ville, disoient avoir réservé ceste belle abbaye et demeure pour sa retraicte et desduit de la chasse. Mais ce compte fut faict sans leur hoste. Tout ce que ladicte abbaye endura fut la perte du fourage et du bois a brûler qu'ils y trouvèrent et rien d'autre qu'un peu de fruict qu'ils trouvoient en jardins. » (S. L. B.)

Le nombre des tués et noyez de la part des ennemis fut fort grand, entre lesquels plusieurs de haulte qualité come on poldra veoir dans les relations qui s'en sont imprimez et imprimeront à l'advenir.(1) Mon intention n'estant que de dire la vérité de ce que j'ay veue et au surplus du rapport de gens asceurez qui m'en ont faict le récit, les prisonniers qu'on amena en ceste ville furent :

Liste de prisonniers français.

Le mareschal de la Ferté-Senneterre, général de l'armée et gouverneur de la Lorraine pour le roy de France,

Le Comte d'Estrées,

Le Comte de Moret,

Le Comte de Grand Pretz,

M. de Gadaigne, Gl des armées du Roy,

Le marquis de Lucerne,

Le comte de Suse,

Le marq. de Riberpré,

Le marq. de la Tréville, cap. dans le Rég. de Manchini,

(1) Valancienne cette Pucelle,
A nos yeux tout-à-fait rebelle,
Enfin a refuzé l'amour
De ceux qui lui faizoient la Cour.
Elle a gardé son Pucelage,
Mais non pas sans cauzer dommage.
Coups, trépas, emprizonnemans
A ses Amis et ses Amans,
....
Sa rézistance étoit cassée
Elle étoit près d'être forcée,
Mais le Maréchal La Ferté,
Qui la pressoit fort d'un côté,
Vit fondre comme une montagne.
Toute la puissance d'Espagne,
Qui dans son seul quartier tomba,
Et sous laquelle il succomba,
....
Avec des gens six ou sept mille.
....
Il combattit tout à la fois
....
Dix huit mil cinq cens Aversaires.
(Loret, Let. XXIX, 22 juillet. p. 220)

Le duc de Rohan,
Le marquis de Vervins.
Le marquis de la Girolle.
Le comte de Luze,
M. de Cardany.
Le Marquis de Mouny.
— de Sel,
— de Boussillon.
— de Marcin,
— de Bare,
— de Marvault.
Le chev. de Maupou,
M. d'Arnault Frymy,
M. de Ponsegust.
M. des Fourneaux.
M. de Lambris du Régiment de la Royne,
M. de Crévirac.
M. de la Motte. lt. des gardes de Mons. le Mareschal de Turenne.
M. de Bondy, cap. au Régiment de Lèvre.
M. de la Cardonnière commandant le rég. de Masarin.
M. de Coullenec du Rég. de Montpensier.
M. de Thesy. cap. du Régiment Cardinal, etc., etc.(1)

. . . .

Oultre tous lesdits officiers, y avoit plus de deux mille cincq cens simples soldats, qui tous furent amenez dans la ville et mis en seeureté en divers lieux. si comme en prison. porte Tournisienne, sur le pont de la Vasne. maison Tasnière en la rue Cardon. sur les grandes Boucheries(2)

(1) Nous ne continuerons pas la liste des autres officiers subalternes qui occupe plusieurs pages. Cette suite de noms inconnus ne nous semblant pas intéressante, d'autant plus que malgré son étendue, elle est loin d'être complète.

(2) D'abord au Grand Marché (Place d'Armes à la place de l'épicerie Parisienne) les grandes boucheries furent transportées dans la rue de la Ne Hollande en 1518 (*Mém.* T. IV, p. 211.)

et ailleurs, de sorte qu'on avoit du mal de trouver place pour si nombreuse compagnies.

Liste de quelques uns de nos morts et de nos blessés.

De notre parte y perdasmes le m^re de camp Verkeest(1) fort regretté pour sa générosité, le m^re de camp St-Vaast, fils du Sr de Ramez ces 2 furent tués en l'attacque de Marsin. Le m^re de camp Caraffa italien blesché et mort du depuis. Le m^re de camp dom Antonio de Gamara fils à dom Stephano, blesché au bras d'un coup de mousquet, et mort en ceste ville le 28e du mois de julet 1656.(2)

Le marquis de Trelon bleschez à la teste d'un coup d'espée, estant aux boyaux hors Montoise, mort en Valentiennes la nuict d'entre le 4 et 5 d'aoust 1656. — Le Sr de Saintes capitaine de cavallerie tué d'un coup de mousquet du quartier de Turenne. Le Sr de Beaufort cap^e d'infanterie au Régiment de Persan commandant les enffans perdus en l'attacque du prince de Condé, tué. — Le Sr Antoine de Reculet cap^e au terce d'infanterie de bourgeois tué. — Le Sr de Ville cap^e au mesme régiment, tué. — Trois capitaines espagnols et aulcuns wallons italiens et allemands aussi tués. — Le comte de St-Ibal lieut. g^al en l'armée du prince de Condé, et son conseiller d'estat bleschez et mort de ses playes en Valentiennes et enterré en l'église de N^e-Dame de la Chaussée le 19 julet 1656. — Le général Marcin fut légèrement blesché à la jambe.

Si y furent encore bleschez :

Le c^te de Nassau — le c^te de Hornes — le b^on de Leeberghe — le m^re de camp dom Jean de Tolède — le Sr de Longuevalle — le Sr de la Motte brigantin blesché à la teste — le l^t coronel et le major du régiment du c^te de Guitaud — le Sr de Montbrun — le Sr du Boulay — le Sr Feriot — le S^r

(1) Voir ma Notice Bibliographique sur deux exemplaires de De Rantre.

(2) « Le X. aoust 1657 le corps dudit dom Antonio estans encore dans l'église des Dominicains, il luy fut célébré un service auquel comparurent le duc de Bournonville, Mrs du Magistrat en corps et les officiers de guerre estans en ceste ville. » (S. L. B.)

Rientort l[t] coronel du rég[t] de Persan — le Sr Galet cap[e] d'infanterie au régiment dudit persan, blessé d'un coup de picque etc.

De simples soldats y en eult tout au plus environ 40 de tuez environ 350 bleschez,

Les despouilles de guerre qu'on gaigna sur les ennemis en ceste mémorable journée furent :

Butin. Trente pièces de gros canon et 3 faisant 33 pièces que j'ai veu et non plus — quatre mortiers, 9 pontons, 15 barquettes. Grande quantité de pouldre, bombes, grenades, balles de canon et de mousquet — Grand nombre de chevaux tant de monture, du bagage que de l'artillerie — Des charrettes en telle quantité que touttes les rues de la ville en estoient couverts.(1) La plupart d'icelles chargez de touttes sortes de hardes, notament du lard en abondance.

A l'abbaye de St-Saulve où estoient assis 18 fours, qui cuisoient continuellement pain pour l'armée, furent trouvez 9000 sacq de farines basant pour plus d'un mois, à 5000 rations de pain par jour au dire de Mr de la Ferté Senneterre mesme. Item plus de 2000 pains et quantité de pâte preste à tourner le pain. — Plusieurs pièces de vin, notamment la provision du Mareschal de Thurenne et d'aultres. — quantité de petits moulins à moudre farine et tant d'aultres hardes, qu'il est impossible les dechiffrer.

Voilà comment la journée se passa à veoir revenir le butin, et le soir dudit jour pour soulager la bourgeoisie qui avoit tant esté fatigué durant le siège, on ne feit monter

(1) « On trouva aussy ung grand nombre de cordages et traitz pour les chevaux à tirer l'artillerie, voire en telle quantité, qu'encore que la guerre dureroit encore 10 à 12 ans qu'en avions suffisamment pour le train et nos attirails d'artillerie pour nos armées. Entre aultres on trouva dans ung tonneau une corde longue de deux mille pieds et pesante environ 700 lt. sans scavoir à quoy ils s'en vouloient servir ne fust qu'ils eussent eu volonté de despendre nos clocher pour les mener en France en cas qu'ils fessent venu à boult de leur dessein, mais notre bon Dieu les en at des tourné. » (S. L. B.)

que deux compagnies bourgeoises en garde, avecq quoy chacun print le repos ordinaire ne pensant plus à la fatigue qu'ils avoient eu durant le siège.

Au raport d'aulcuns qui disent en avoir tenu note, les ennemis ont tiré sur la ville 964 coups de canon, me rapportant à ce qu'il en est car je ne les ay pas comptez, mais scay bien qu'ils en ont tiré quantité comme j'ay reprins cy devant de jour en jour.

ÉPILOGUE

I

RÉJOUISSANCES PUBLIQUES.

OBJETS D'ART & DOCUMENTS LITTÉRAIRES COMMÉMORATIFS DU SIÉGE.

Un succès aussi inattendu que celui de la délivrance de Valenciennes, devait provoquer en Espagne et dans tous les Pays-Bas une joie indicible. Aussi, pendant plus d'un an, vit-on les fêtes succéder aux fêtes ; les honneurs et les privilèges les plus grands devenir la récompense des Valenciennois qui avaient non seulement sauvé leurs murs de l'invasion française, mais aussi arrêté pour un temps celle des Pays-Bas tout entiers.

Le 17 juillet, c'est-à-dire le lendemain même de cette délivrance inespérée, qui fut aux yeux de toute la population un vrai miracle, on célébra par ordre de Son Altesse Don Juan d'Autriche une grande messe solennelle « en la grande église de Notre-Dame où le Magistrat en corps se trouva de bonne heure et sadicte Alteze avec toutte la cour y arriva environ les 12 heures à midy et fut receu au portal d'icelle église par le R. Prélat d'Hasnon et les Religieux revestus de chappes des plus riches; on présenta à Sadite Alteze, ung carreau de velour rouge sur lequel s'estant mis à genoux le susdit Prélat lui donna à baiser la saincte vraye croix qui appertient aux confrères de St-Eloy. Puis fut conduit au cœur où la grand messe fut chanté par icelny prélat la musicque ny estant espargné. La messe achevé en action de grâce de ceste triomphante victoire fut chanté le « *Te Deum Laudamus* » et durant icelny fut faict une salve Royalle de tout le canon qui estoit sur les murailles aultour de la ville et furent tous deschargé par trois fois au nombre de 37 pièces. Le tout achevé Sad. Al[se] ensuite se retira en son logis de Vicognette, et le Magistrat en corps en la maison de ville. »

Dans cette même journée le conseil particulier «authorisa le Magistrat de prendre un jour propre pour remercier Dieu de notre délivrance faisant une feste particulière le jour qu'on prendra, et faire procession généralle[1] le plus solemnelle qu'on poldra, en laquelle marchera le Magistrat

(1) « ... annuellement et à perpétuité avec le même tour que celui de St-Cordon. » (R. p. 122).

et le conseil avec haches. Item au soir faire feuz de joye et lascher trois volées d'artillerie... »

L'émoi, comme on le pense, fut bien grand dans les villes environnantes, quand on apprit l'investissement de Valenciennes, car chacun redoutait le même sort : grande fut donc la joie en apprenant la retraite de l'ennemi. Chacun voulut se rendre compte par soi-même de l'état où se trouvait la ville que l'on disait fort maltraitée par les bombes françaises, on voulut voir aussi ce Prince et cette armée qui avaient fait reculer « le grand Turenne » comme on l'appelait, et dispersé ses redoutables soldats, dont les cadavres couvraient encore les abords des portes d'Anzin et de Mons. Aussi le soir même de la bataille, des milliers de curieux de Douai, de Cambrai, de Tournai se mirent en route, marchant la nuit entière, et arrivèrent le 17 et les jours suivants à Valenciennes.

Puis, en témoignage de leur sympathie, les Magistrats des différentes villes envoyèrent leurs congratulations aux valenciennois, les félicitant d'avoir échappé à un danger si pressant.

Nous citerons la lettre envoyée par les édiles de Tournai :

« Nous ne scaurions exprimer le contentement que nous avons eue par les nouvelles de votre délivrance qui ont esté confirmé par la lettre que vous avez envoyé, nous dirons seulement que l'allégresse en at esté si universelle qu'il n'y at personne qui ne s'en soit ressentye et qui ne rend des actions de grâce à Dieu par toutes sortes de témoignages et démonstrations. ... »

Pensant même, par un sentiment de pitié bien naturel, que les vivres devaient être devenus rares après un siège si long:

Ceulx de Tournay dirent avoir donné l'ordre à leurs manans de nous amener toutes sortes de vivres et délicatesses croians que estions en nécessitez, mais grâce à Dieu rien ne nous mancquoit...

Environ les deux heures après midy, le 18 ceulx de Douay au nombre de plus de quatre mille personnes arrivèrent en ceste ville pour remercier Dieu et la glorieuse Vierge de notre délivrance. Les Religieux de Ne-Dame la grande revestus de chappes, les confrères des Royez qui feirent porter seulement leur ange devant eulx avecq les orphelins et orphelines furent au devant jusques à la porte d'Anzain où se trouvèrent aussi le doyen pasteur de St-Vaast et son clergé revestus aussy de chappes. Les Révérends pères Récollets et Capucins en corps ung chacun avecq sa croix, et aians receu lesdits de Douay qui estoient accompagné de plusieurs Ecclésiasticques, d'aulcuns pères Jésuites, Dominicains Récollets et Capuchins, entrèrent processionnellement dans la ville venans du loing de la rue d'Anzain, passèrent au marché du fillet et de là entrèrent en l'église des R. R. pères Récollets où lesdits de Douay firent office, et présentèrent un cierge à Ne-Dame des sept douleurs. Et de la reprendant leur chemin par la place à Lille entrèrent en l'église des R. R. jésuites où ils feirent pareillement présent à Ne-Dame de Consolation d'un aultre cierge, d'illecq poursuivant leur chemin par la place St-Jean, Braderie, Grand marché, Rue de la Chaussée, se vindrent rendre en l'Eglise de Ne-Dame la grande où ils présentèrent à la fierte de Ne-Dame des Royez qu'on avoit postez au meilleur du cœur d'icelle Eglise une thèse qu'ils déclamèrent et y présentèrent six cierges de cire blance, puis chantèrent le *Te Deum* en action de grâce après lequel se feit la reposition du vénérable S. Sacrement avecq quoy chacun se retira, n'estant à obmectre que ladite Eglise de Ne-Dame estoit tendu tout allentour par desoubz les carolles de drap vert et bleu, et par desur y avoit grande quantité d'emblèmes touttes à l'honneur de la Glorieuse Vierge, le cœur par dedans estoit tendu de mesme, et à la carrolle autour dudit cœur y en avoit à double rang tant contre la muraille que contre la fermeture dudit cœur qui estoit une chose dévotieuse et belle à voir.

Le 20e environ les sept heures du matin les susdits bourgeois de Douay feirent célébrer la grand-messe en la susdite Eglise de Ne Dame la Grande laquelle fut chanté par Dom Mathias le Roux abbé de Hasnon, la prédication se feit à l'offertoire par le R. père Lalain jésuite où y assistèrent infinité de peuple, icelle et la messe achevé se feit la procession en laquelle assistèrent les fiertres des confrères de Hal, de St-Eloy et les confrères des Royez y furent en corps avecq leur fiertre devant laquelle furent porté les six cierges par six filles dudit Douay, le prélat d'Hasnon y porta le vénérable S. Sacrement et la dicte procession sortant de ladite église de Ne Dame alla par la rue à Vache, Marché au fillet, rue Capron, rue des Estuves par desur les Viviers rentrée en la susdite Eglise de Ne-Dame la Grande...

Fut advertie que le Magistrat avoit résolu de à demain 21 faire feste et procession généralle en l'église de Ne-Dame-la-Grande, et qu'ils avoient fait supplier un chacun des Eglises et monastères d'y vouloir apporter leurs fiertres et Relicques sans frais de la ville, que au soir on chanteroit le « *Te Deum* » à St-Jean et quon lascheroit douze pièces de canon par trois fois et que s'allumeroit des feux de joye devant la maison de ville, devant les églises de Ne Dame la Grande et St-Jean et devant les maisons du duc de Bornonville, de dom Francesco de Menesses, du Major Fareau, Fredericq, etc. Advoué le tout et que le conseil marchera en icelle procession comme at esté ordonné, mais que les baches se distribueront à l'église de Ne Dame à ceux qui se trouveront.

Le 21 de Julet jour de vendredy se tint feste par toutte la ville, affin qu'un chacun auroit à s'occuper à remercier le bon Dieu du grand bénéfice receu sans s'arrester au travail. Après que ceulx de Douay furent sorty de l'église de Ne Dame la Grande, le R. Prélat de Hasnon y commença la grand messe laquelle achevé la procession sorta en marche en la forme suivante : Premiers marchoient les corps des mestiers qui ont leur chappelles en ladite Eglise de Ne-Dame, sçavoir:

Les Tainturiers, les mesureurs de grain, la bannière de St-George, les peintres et les Tallandiers, les sayteurs, les chiriers et les Tondeurs, puis les Wieswariers y portérent leur image de St-Roch et les machons et charpentiers St-Joseph — Puis marchoit l'escolle des povres, les orphelins et orphelines.

Les RR. pères Capucins portans entre eulx cinq corps SS. de Vicongne. — Les RR. péres Récolletz portans aussy cincq corps SS. de Vicoigne, la teste des martyrs de Gorcom, la fiertre d'iceulx martyrs et celle de St-Victor. — Les RR. pères Carmes portans de mesme cincq des corps SS. de Vicongne les deux fiertre de leur maison des martyrs Thébéens, la Relicque de Saincte Barbe et Ne-Dame du Scapulaire. — Les RR. pères dominicains portans aussy cincq corps SS. de Vicongne avecq la fiertre de saincte Cordule dudit Vicongne et leur Ne-Dame du Rosaire devant laquelle se portoient trois cierges. — Les Béguines portant cincq Relicquaires d'argent scavoir de Se-Elisabeth, de S. Marcoul, une teste des unze mille Vierges..........

Leurs deux fiertres en l'une desquelles sont divers relicques de plusieurs martyrs et en l'autre des Relicques de divers sainctes Vierges et derrière portoient une Ne-Dame aussi d'argent.

Les Religieux de l'abbaye de Vicongne portans entre eulx les fiertres d'argent de leur maison dans l'une desquels reposent des Relicques de S. Sébastien et en l'autre de celles de S. Blaise.

Par après suivoient portez par des prêtres séculiers : L'image de Ne-Dame de l'abbaye de Fontenelles richement parez come estoient aussi toutes les suivantes. — Deux testes où reposent des relicques des martyrs Thébéens appertenans aux filles dévotes de l'escolle Ne-Dame des Anges.

L'image de Ne-Dame de Grâce de l'église de St-Jacques devant laquelle se portoient dix cierges par des filles. L'image de Ne-Dame de consolation De l'église des RR. pères jésuites. — L'image de Ne-Dame de Bon Secours de l'église paroischialle de St-Vaast. — L'image de Ne-Dame du puy de l'église paroischialle de Ne-Dame de la Chaussée.

Après quoy suivoient les confraries :

De l'assomption de la Vierge de St-Vaast hors des murs. — De la très-saincte Trinité de St-Vaast dans la ville De Saint Eloy de Ne-Dame la grande. — De Saint George de l'église de S. Géry. — Du petit S. Jacques aussi de S. Géry. — De S. Michel de la chapelles des Ladres. — De S. Michel serment des gladiateurs de St-Géry.

Puis les fiertres et corps S. S. revestu d'argent etc.

De Saint Pierre, de Saint Julien, tous deux de l'abbaye de S. Jean. De Saint Sévérin martyr de la cimentière de Priscille de l'église des P. Jésuites. Du compagnon d'iceluy S. Sévérin de la mesme église de saint Druon de Sebourg. des unze mille vierges de saincte Royne, le chef d'icelle sainte. — De saint Aldebert, le chef dudit saint, de sainte Raynfroy le chef d'icelle sainte, touttes ces sept pièces de l'abbaye de Denain. De la sainte vray croix. De St Hugue de St-Akaire. – Tout trois de la P. de Haspre. De Saint Sauve de l'abbay dudit saint. Le chef de S. Phil. Néri de N. Dame la grande. La fiertre de S. Marcelin et S. Pierre de Hasnon. — Cela passez suivoit :

La confrarie de Ne Dame de Hal, avecq leur image, devant laquelle se portoient deux cierges. Et la confrarie de Ne Dame des Royez avecq leur fiertre devant laquelle se portoient les six cierges apporté de Douay. — Puis marchoient les croix des paroisches avecq leurs gonfanons en la manière accoustumée suivis de tout le clergé. — Après lequel marchoient les abbé de St-Jean et de St-Saulve revestu en Pontifical avecq croche, mitre, etc., et le doyen de la Salle au mesme rang. — Iceulx estoient suivy du vénérable S. Sacrement porté par le Révérend prélat de Hasnon assisté de ses religieux. – Dom Francesco de Menesse. Monsieur de Maugré et autres chefz de guerre de notre siège suivoient.

Par après le Magistrat en corps précédé du hérault revestu de sa cotte d'armes, et pour fin le conseil particulier suivy d'un nombre indicible de peuple.

Ladicte procession sortant de N. Dame alla par la rue à Vache. Marché au Fillet, place à Lille pardevant les Jesuites place S. Jean, Braderie, Ormerie pardevant St-Géry et Capuchins se rendant en l'église paroischialle de S. Nicolas où se feit la station et la prédication par le Revérend père Carme, durant laquelle la fiertre des Royez fut porté allentour des murailles de la ville de mesme que le jour de la procession ordinaire du 8 septembre et estans de retour en ladite église de St-Nicolas, la procession en sorta pour achever son tour et vint descendre en la rue Cardon grand marché rue Cambrisienne par devant N. Dame de la Chauchée, alla rentrer en l'église de Nᵉ Dame la grande d'où chacun se retira et reportèrent leurs fiertres et Relicques chacun en leurs églises combien qu'on les avoit supplié les vouloir laisser en ladite église de N. Dame durant une octave que le Magistrat avoit ordonné faire en ladite église comme de faict elle se feit aussi avecq tout les jours la musicque à la grand messe en reposition du soir, le tout en action de grâce du grand bien que notre bon Dieu nous avoit faict en nous exemptant des grandes misères qui nous menaschoient.

Au soir sur les six heures et demie fut chanté le « *Te Deum Laudamus* » en action de grâce, dans l'église de S. Jean où le Magistrat se trouva en corps, ce qui fut une pure nouvellité, car lorsque pour action de grâce on feit des processions générales icelui *Te Deum* se chantoit lorsque la station se faisoit au Grand Marché, audict lieu devant les halles et la station se faisant ailleurs se chantoit au retour dans l'église de N. Dame la Grande. Mais quoy il survient tousiours de gaie espritz qui paroissent volontiers en triumphe devant le publicque sans s'informer si le chose est décente ou point, car n'est-ce pas une pure mocquerie d'empescher deux églises pour faire un mesme debvoir qui est de remercier Dieu.[1]

Sur la brune furent allumé les feuz de joye un devant la maison de ville contenant 56 tonnes de tercq, quatre aux quatre coins dudit marché, ung devant l'église de N. Dame la Grande, un devant celle de St-Jean, un devant la maison du duc de Bornonville qui estoit le séminaire, un devant l'hostel d'Anchin en la rue Capron où logeoit Dom Francisco de Menesse, un devant la maison où logeoit le

(1) Il faut remarquer cette critique amère contre le Magistrat, critique où perce déjà la mauvaise humeur de S. Le Boucq, et qui apparaitra plus violente dans la suite.

major Fareau sur le grand Marché tenant à l'orloge, un devant l'hostel d'Aoing où estoit le major Frédéricq, un devant le logis du marquis de Trelon en la rue Capron, un devant l'hostel de Querenain où estoit logé le duc de Wirtemberghe, un devant la maison Simon de la Croix en la rue de Bruay où estoit logez Mons. de Maugré, un devant la maison de François de Dixmude prévost, tous lesquels contenoient 13 à 14 tonnes de terque et tous fabricqué aux frais de la ville, oultre lesquels plusieurs bourgeois en feirent grand nombre à leurs frais en divers lieux de la ville, un chacun au surplus se récréant et criant par tout « Vive le Roy et son Alteze »...

Le 22 le Magistrat en action de grâce de notre délivrance feirent célébrer en l'église de St-Jean une grand messe à l'honneur dudit St-Jean Baptiste, où ils se trouvèrent en corps. La prédication se feit à l'offertoire par le père jésuite, et après la messe se feit la procession en ladite église, où on continua aussi une octave...

Le 29 julet sur les 3 heures après-midi ceulx d'Anchin et Pecquincourt entrèrent processionnellement en la ville aveccq croix, gonfanons et 14 guidons tous de damas enrichis d'histoires et dorures et peinture fort magnificque les 5 estans rouge 4 blan 4 vert et 1 bleu et ainsy vindrent droict de la porte d'Anzain en l'église de Nᵉ Dame la grande où ils présentèrent un grand cierge de cire blance à Nᵉ-Dame des Royez la fiertre estant encore au millieu du cœur, et illecq leur clergé chantèrent le *Te Deum Laudamus* en action de grâce de notre délivrance puis chacun se retira jusques au lendemain matin...

Le dimence 30 dudit mois ceulx d'Anchin et Pecquincourt feirent sur les sept heures du matin célébrer la grand messe au cœur de l'église de Nᵉ Dame la Grande laquelle fut chanté par le Révérend Prélat de S. Sauve puis sur les 10 1[2 heures dudit matin sortirent de ladite Eglise processionnellement come ils y estoient venus retournans en leur quartier.

Ce jour en action de grace de notre délivrance les paroischiens de N. Dame de la Chaussé feirent célébrer une grand messe et procession par la ville, en laquelle le pasteur portant le vénérable S. Sacrement estoit à pied nudz come de mesme ceulx portant le poesle, et l'image de N. Dame du Puy, et nombre de peuple suivoit de mesme, ceste procession se faisant l'après midy dudit jour..........

Les paroischiens de St-Vaast dans la ville feirent présent d'un chierge à N. Dame de Bon secours illecq, faisant célébrer la grand messe avecq procession par la ville avecq ladite image et le vénérable S. Sacrement le tout en action de grace de notre délivrance.

Le 2 d'Aoust jour de N^{e}-Dame des anges, environ les douze et demie à midy Son Al^{ze} Ser^{me} arriva en ceste ville et alla descendre en l'Eglise des RR. pères Récollectz pour y gaigner les indulgences de Portioncula. Les religieux en corps le receuprent à l'entrée de leur église où entrant fut entonné le « *Te Deum Laudamus* » et tout chantant conduit au cœur de ladite église où fut célébré durant qu'on achevoit le *Te Deum* une basse messe par l'un desdits pères lequel après la messe achevé donna la bénédiction du vénérable St-Sacrement et ce faict sadite Al^{ze} se retira et fut salué par notre Magistrat en corps qui l'attendoit en la nefve d'icelle Eglise et de la partant retourna au camp devant Condé..........

Ledit 11 aoust le comte Hercolle Visconti envoyé au Roy par S. A. pour rendre compte de la délivrance de ceste ville de Valentienne arriva à Madrid apportant illecq une grande joye...........

On ne se borna pas à des démonstrations purement religieuses. Un événement si grand, un succès si complet aux yeux des Espagnols ne pouvait périr dans la mémoire des âges futurs.

Les artistes, les historiens et les poètes locaux se mettent donc à l'œuvre, et des milliers d'ouvrages, remarquables surtout par la bonne intention qui les avait fait naître, sortent des imprimeries du temps.

Dans les monastères, dans les écoles, le sujet de dissertation en prose ou en vers, en latin ou en français partout imposé et traité, est la louange des Valenciennois, de Dieu, de la Vierge et des saints, qui sont venus à leur secours.

Parmi les artistes ceux des Flandres surtout se distinguèrent.

Pendant les XVIe et XVIIe siècle leur renommée s'était étendue au loin, grâce aux toiles, aux tapisseries de haute lisse qu'ils ne cessaient de produire et dont plusieurs mêmes sont des chefs-d'œuvre. Souvent les grands personnages qui visitaient ces riches provinces recevaient des cadeaux splendides consistant en nappes, serviettes damassées, services de table. En souvenir de la levée du siège, on fit une serviette destinée à être offerte à D. Juan d'Autriche, dont P. Van Moerkerke, peintre Courtraisien, fournit le dessin. On trouve dans les comptes de la ville de Courtrai (1er juin 1656-31 mai 1657) que cet artiste reçut en à-compte pour son travail 100 lt. parisis ou florins 50.00. Jean Quartier, qui avait tissé ce service, ainsi que celui présenté par le Magistrat au marquis de Caracène, toucha la somme de 2357 l. 15 gr. parisis ou florins 1178-176. On paya également au même tisserand 556 lt. 17 gr. ou florins 278-8-6, pour livrance de 40 aunes et demie de serviettes aux armes de l'archiduc, ou représentant la levée du siège de Valenciennes. Le Magistrat en fit cadeau à quelques habitants notables qui s'étaient signalés par des services rendus à la ville. L'une des serviettes dont nous allons donner la description, faisait partie en 1833 du cabinet de M. Goethals-Vercruyse de Courtrai.[1]

A droite et à gauche deux trophées au bas desquels sont attachés deux prisonniers. En haut au centre, les armes de don Juan d'Autriche accompagnées de deux sujets allégoriques.

Au dessous de ces armes, deux Renommées. La première sonne d'une trompette qu'elle tient de la main gauche; la seconde porte de la même main une branche de laurier. De l'autre elles soutiennent une couronne également de laurier au dessus du sauveur de Valenciennes, représenté tout armé, le bâton de commandement à la main et foulant aux pieds de son cheval un homme à demi nu. Dans le lointain, on aperçoit les toits et les clochers d'une ville, avec ce mot *Valencienes*. La légende placée tout-à-fait au bas est la suivante:

SERENISSIMO PRINCIPI
JOANNI AVSTRIACO
HYSPANIARUM REGIS FILII
VALENCENARVM TOTIUS QVE BELGY
LIBERATORI
S. P. Q. CORTRACENVS D. D. C C. Q.
1656.

(1) « Messager des sciences et des arts de la Belgique. » (T 1, 1833. p. 295).

Cette levée du siège de Valenciennes a été également retracée deux fois sur la toile par Van der Meulen dans un tableau qui est au musée de Valenciennes, et par David Teniers dans un tableau que l'on voit au musée d'Anvers.

On sait que Van der Meulen était belge et fut attiré à Paris par Colbert pour y peindre les conquêtes de Louis XIV ; mais on ignore généralement qu'avant de consacrer son talent à perpétuer le souvenir des victoires des Français, il avait retracé sur sa plus grande toile l'une de leurs défaites.

Le tableau qui représente la levée du siège de Valenciennes, fut commandé par le Magistrat et placé dans l'Hôtel de Ville où il est encore. Avant la réorganisation du musée, ce tableau décorait la salle où siégeait alors le tribunal de première instance ; il est aujourd'hui dans la même salle après avoir été un certain temps au Musée. — Sa dimension est de : hauteur 3m62c ; largeur 7m75c. — Il n'a jamais été reproduit par la gravure. Le livret du musée (Potier 1841, nº 142) lui donne pour titre : « *Siège de la ville Valenciennes et déroute de l'armée française, commandée par les mareschaux de Thurenne et de la Ferté.* » Ce titre est de tout point fautif, le tableau ne représentant ni siège ni déroute.

A gauche, on voit la ville et l'inondation à l'état de tableau plan. A droite et sur le devant, don Juan, à cheval, ayant Condé près de lui, suivi de ses officiers, puis de son armée à l'arrière plan, se trouve la ville. Les figures principales sont de grande dimension, et plusieurs à ce que l'on croit sont des portraits. — Ce tableau est une des œuvres capitales de Van der Meulen.

Le tableau de David Teniers n'est guère plus connu que celui de Van der Meulen.

A quelle occasion cette œuvre fut elle produite? Nous l'ignorons. Le catalogue du musée d'Anvers nous apprend seulement qu'il fut donné à la ville en 1823, par le roi Guillaume. Il est inscrit au No 296, sous le titre de « *Panorama de Valenciennes.* » Hauteur 1m73c ; largeur 2m4c.

« Le centre du tableau, dit le catalogue, représente avec le plan de la ville, celui de la position respective des armées et des opérations d'attaque et de défense; à l'avant-plan de gauche, on voit un groupe de cavaliers qui s'avancent vers la ville. Ce panorama est encadré de trophées d'armes et d'engins de guerre, interrompus à la partie supérieure par la figure allégorique de la ville de Valenciennes, que le peintre à mise sous la protection du St-Sacrement de Miracle et de la Ste-Vierge. Le St-Sacrement brille au milieu d'une multitude d'anges qui portent les drapeaux pris sur l'armée française. Un peu plus bas, sont appendus de chaque côté, les armes d'Espagne. A la partie inférieure de l'encadrement des trophées, se voit le buste en bronze de Philippe IV, couronné par deux génies et protégé par Minerve qui foule aux pieds la Discorde, et par Hercule aux côtés de qui le Lion-Belgique abat sous sa griffe le coq Gaulois. A droite et à gauche de ce groupe figurent plusieurs portraits de chefs militaires, peints en médaillons, parmi lesquels on en remarque deux qui ont des anges pour tenans. Ce sont, à droite du buste de Philippe IV, celui de don Juan; à gauche celui de Condé. »

Le portrait de don Juan (tableau ancien) se trouve aussi au Musée de Versailles.[1]

Après les tableaux nous citerons les médailles commémoratives, qui pendant longtemps furent des marques de distinction, et se portèrent au cou, attachées avec un ruban; elles sont devenues rarissimes, nous allons donner la description de l'une d'elles :

Comme ce siège avait été commencé le 15 juin jour pendant lequel l'église romaine adore tout particulièrement le corps et le sang de J. Christ et qu'il fut levé le 16 juillet alors que l'on faisait à Bruxelles une procession solennelle, instituée par Marie, fille de l'empereur Maximilien et où figuraient les trois hosties profanées, ce fut à la vertu du St-Sacrement qu'on attribua cette victoire, témoin la médaille suivante faite par l'artisan brabançon A. Waterloos.

Au recto, le buste cuirassé de Don Juan, avec ces mots en exergue :

JOANNES AUSTRIACUS PHiLippI IV
ISHPaniarum Regis Filius; BELgii Gubernator.

Au verso, la châsse dans laquelle se conservent les hosties profanées accompagnée du chronogramme suivant :

MIraCVLoso festo aDora.

(1) « *Revue agricole 1852,* » (T IV, p. 331).

L'année suivante (1657) pour rappeler à jamais la délivrance de Valenciennes et la prise de Condé qui eut lieu peu de temps après on fit frapper à Anvers une autre médaille afin d'éterniser ces deux événements glorieux :

Au recto se trouve le buste cuirassé du roi d'Espagne avec cette légende :

VALENCIANAM LIBERASTI.
CONDATUM QUE RECUPERASTI.

Au verso, la ville de Valenciennes.

MIRACVLoso Deo

et au bas : *HOSTEM FUGASTI 1657*[1]

Enfin le 1er janvier de cette même année 1657 :

En reconnoissance, comme le dit l'auteur, d'un si grand bénéfice que d'avoir esté délivré du siège, MM. du Magistrat sont sorti de l'église S. Pierre avec une lampe d'argent fort magnificque de la valeur de sept à huit cent florins porté par les quatre Roy des serments au desoubs d'un pavillon richement ornée et sont allés droit à l'église Saint Jacques et au milieu d'icelle il y avoit un autel hault eslevé avec l'image de N. D. de Grâce à laquelle ils ont offert et présenté ladite lampe.[2]

Les documents littéraires sont en nombre incalculable : nous citerons d'abord les récits mêmes du siège donnant des détails plus ou moins exacts,

(1) « *Hist. Métallique des XVII provinces des Pays-Bas.* » (T. II, p. 402 et 403.)

(2) « *Construction première de la ville de Valenciennes* » (Ms de la collection Bénezech, p. 569.)

composés à différentes époques, mais demeurés presque tous manuscrits.

Le plus connu de ceux qui sont parvenus jusqu'à nous, est celui de Jacques De Rantre, intitulé :

« *Description véritable des choses plus mémorables arrivées pendant le siège de la ville de Valentiennes fait par l'armée de France.* contenant les causes morales d'iceluy, ensemble les attaques, défences, et secours Royal de la place par l'armée de sa Majesté avec leurs circonstances soigneusement recueillies par IACQUES DE RANTRE Licentié ès Loix, Aduocat, et du Conseil particulier de la ditte ville. » — A Valentiennes, De l'Imp. de JEAN BOUCHER, au Nom de Jésus. 1656.

Ce petit in 4° de 144 pages devenu très rare aujourd'hui et dont nous avons longuement parlé ailleurs[1] est plus curieux comme étude des mœurs du temps et de l'état des esprits vingt ans avant l'annexion de Valenciennes à la France, que comme relation exacte et impartiale des faits. C'est plutôt un long panégyrique de la Vierge, des Saints, de Don Juan d'Autriche, de ses officiers et des bourgeois de Valenciennes.

Comme autres récits imprimés, citons encore une petite brochure intitulée :

« *Narration des choses principales arrivées pendant le siège de Valenciennes. secourue par nostre généreux Prince son Alteze Royale Dom Juan d'Austrice.* » — 8 p. sans date ni lieu d'impression. Résumé très succinct des faits par un assiégé anonyme.

(1) Voir ma *Notice Bibliographique sur deux exemplaires de De Rantre.*

Puis une autre narration du même genre, œuvre d'un officier français, publiée récemment par la Société d'Agriculture de Valenciennes.

Parmi les récits demeurés manuscrits, citons celui du père St Barbe : « *Description de ce qui s'est passé de plus remarquable au siège de la Ville de Vallenciennes*[1] »

G. Ricart : « *Triumphus Valencenensium ob solutam urbis suae obsidionem per expugnationem potentissimi Gallorum exercitus auspiciis serenissimi Principis Ioannis Austriaci peractam 16 iulii 1656,* [2] » etc., etc.

Passons maintenant aux nombreuses pièces de vers latins ou français, plus pompeuses et plus enflées les unes que les autres. Nous en connaissons une, écrite en latin servant de couverture à un vieux « cachereau » et curieuse en ce qu'elle est sur parchemin. Elle commence ainsi : « *Patritus patrial patribus per illustribusque proceribus amplissimi ornatissinique Magistratus Valencenenis,* etc..... *Valencenis, Apud Ioannem Boucherium, sub Namine I esu 1656.*

Prenons maintenant un sonnet au hasard. Il est composé comme presque tous du reste pour remercier les puissances célestes de leur intervention :

Azile de tous ceux qui portent vos livrées
Vous que la sainte Eglise honore de ses vœux
Vierge, dont le secours s'est fait voire en ces lieux
Quand nos forces sembloient estre tout espuissées

(1) Bibl. publique, ms 583-701, p. 310.

(2) Mss 535-631 et 631 bis. Analysés par M. L. Claretie, dans le *Courrier du Nord* du dimanche 20 novembre 1887.

Nos murailles par vous se treuvent délivrées
Vous seule bannissez les larmes de nos yeux
Enfin vous triomphez, ici-bas comme aux Cieux
Et changez nostre deuil en mille beaux trophées.
Ouy, car quoy qu'ayt fait notre invincible Héros
Quoy que de sa valleur, nous tenions le repos,
Il veut que soit à vous, que nous devions la vie.
Il vous est trop dévot pour vous le disputer,
Puis qu'en tout on le voit son triomphe imputer
Au secours tout puissant de l'auguste MARIE.

Puis des chronogrammes, suivant le goût de l'époque :

A l'honneur de la ville de Valentiennes
delivrée du siège des Ennemis François le 16 Jullet 1656

CHRONIQUES

DaMe est VaLenCIennes
CIté D'haVLte renoMée
Le toMbeaV Des FranCoIS
Et MVet CarDinal
La toMbe Des GaVLLoIs
Mort D'ICeVs très-fataLe

AUTRE :

MagIstrat De VaLenChenes
VaLenCIennes se Met en Defense
enVIronnée par L'arMée De franCe
VaLenCIennes est DeferMée.

In civitatis Valentianæ insignia, in quorum scuto habetur Leo, et a duobus lateribus Cigni extant.

CHRONICON

CIgnVs aMat fLanDros
Leo aVteM oDIt gaLLos.

II

RÉCOMPENSES ACCORDÉES AUX VALENCIENNOIS.

Dès l'abord, après une aussi belle résistance, qui retarda quelque peu la chute de la domination espagnole dans ces contrées, et contents d'avoir échappé à la ruine complète, les valenciennois ne s'exagérant pas la valeur du service qu'ils venaient de rendre se montrèrent modestes dans leurs prétentions.

Dans la séance du 17 juillet le conseil particulier fit une adresse à Don Juan pour le supplier humblement d'accorder à la ville neuf pièces de canon et un mortier comme part du butin, le prince leur répondit en ces termes :

Don Jean d'Austrice grand Prieur de Castille.
Lieutenant Gourverneur et Capitaine général
des Pays-Bas et de Bourgogne etc...

« Chers et bien amez, nous vous faisons ceste pour vous advertir que nous avons donné ordre qu'on vous délivre deux pièces d'artillerie de celles qui ont estés gaignées de l'ennemy et ce en mémoire de votre fidélité et du zèle et affection avecq laquelle vous vous estes porté en ceste occasion du siège de ceste ville de Valentienne pour lesquelles deux pièces vous pourrez vous addresser au général de l'artillerie. »

Chers et bien amez n^e Seigneur vous ait en sa saincte garde. — *A Valentiennes le 17 de julet 1656.*

Estoit signé : D. Juan ; et plus bas Verreyken. La superscription estoit : *A nos chers et bien amez les prévost jurez et eschevins de la ville de Valentienne.*

Quelques temps après le 5 aout, on envoya à don Ferdinando Solce général d'artillerie alors occupé au siège de Condé, F. Michel Seertens et Michel Despretz greffier criminel. Celui-ci leur permit de prendre « *Gro Jean* » et le « *Mouton* » deux des plus belles pièces et du plus fort calibre.

Plus tard le général des Capucins et celui des Augustins envoyèrent des lettres d'affiliation à leur ordre aux membres du Magistrat, ce qui était alors un grand honneur. Les bourgeois qui s'étaient le plus distingués obtinrent gratuitement des maitrises dans les corps de métiers.

Quant aux bateliers de Valenciennes ils ne furent pas si bien partagés malgré le courage qu'ils déployèrent, car ceux de Condé protégés par le duc de Croy s'emparèrent de leurs privilèges et mirent obstacle au rétablissement de la corporation de Valenciennes.[1]

Mais voyant qu'une première requête avait été si bien accueillie, les membres du Magistrat sacrifièrent à l'ambition et demandèrent parait-il en sous main, mais ce qui n'est pas encore prouvé,

(1) « *Revue Soc. Agr. 1852,* » (T. IV, p. 335).

la continuation pendant un an de ces fonctions qu'ils avaient si dignement remplies.

Cette démarche et la pleine réussite qu'elle obtint comme nous le verrons, suscita chez bon nombre de personnes une extrême jalousie qui se traduisit par des signes non équivoques de mécontentement. Parmi ceux à qui cette mesure déplût particulièrement nous citerons Simon Le Boucq, à qui nous laisserons un instant la parole. Voici ce qu'il écrit à la date du 24 et jours suivants :

« Les députez de ceste ville suivant S. A. dans l'armée eulrent plus de soing à poursuivre leurs affaires que celles du publicq et estans en ce favorisez par lettres et attestations du duc de Bornonville qui avoit receu les cincq cens patacons à lui ordonné par le conseil du 20 de ce mois. Ils obtindrent facillement leur désir. Premièrement directement contre les previlèges de ceste ville cy devant si religieusement observés, ils obtindrent continuation de leur Magistrature pour un an(1) faisans diverses protestations

(1) Voici ce qu'on lit au *Registre Officiel du Magistrat de Valenciennes* Ms 550-767, p. 150 :

« N'aiant mondit segr comte de Bucquoy, pu au jour ordinaire venir renouveller le Magistrat créé le 26 de may 1655, a cause qu'entre les villes du Quesnoy et de Landrechies qu'occupoit l'ennemi franchois, il s'étoit emparé des villes de Condé et de St-Guislain, avant que le même ennemi eult planté et formé le siège dev. cette ville qui fut la nuict du 15e jour de juin 1656, fète du très St-Sacrement, ledit Magistrat se comporta avec tant de valeur pendant ledit siège, et y fit preuve d'une fidélité si exemplaire et d'un zèle si singulier pour le service de son Roy, qu'aiant été cette même ville glorieusement secourue et l'armée ennemi battue et mise en déroute le seize de juillet ensuivant par le sérénissime Dom Jean d'Autriche capitaine général et gouv. des Pays-Bas. Ladite Altesse a été justement meüe de continuer en sa charge « de son propre et seul mouvement » le même Magistrat pour un an ce qui a été du depuis confirmé sans préjudices aux privilèges et usages de ladite ville si a de la part et au nom de sa Majesté font mercede à M. le Prévôt du titre de chevalier de l'ordre milit. de S. Jacques et de conseiller du conseil de guerre et a MM. les

qu'ils ne l'avoient demandez, mais on sçait assez que rien ne se donne en court sans réquisition de sorte qu'il est tout certain que si la requeste n'avoit esté faicte sur leur nom, que le susdit Sr Duc l'avoit faict à leur sollicitation lequel aussy y faut comprendre les massars qui lui avoient comptez le susdit don, me rapportant au surplus à la lettre qui sur ce en fut escript par sadite Altesse le 25 julet à notre dit Magistrat de laquelle la copie suit :

Don Jean d'Austrice Grand Prieur de Castille.
Lieutenant Gouverneur et Capitaine Gral
des Pays-Bas & de Bourgogne, etc.

Chers et bien amez, Nous vous envoions la lettre cy-inclose addressante au comte de Bucquoy afin que puissiez en user come trouverez convenir en accomplissement et con-

lieutenant et Echevins de l'annoblissement avec les prérogatives de l'ancienne noblesse et leur donner espoir de mercede ultérieure :

De continuato et nôbilitâto
Magistratu Valentianensi

Epigramma.

Defuctus solito cur non fit more senatus.
Querritur? hoc partum est obsidione decus
Nempe ferose urbis quateret dum moenia gallus
Quolibet in casu mente stetit solida.
Illius hinc regi tanti fuit inclita Virtus
Auxerit ut totum nobilitate genus.

Le même annoblissement aiant été accordé par ledit acte à ceux du bureau tels que Jacques de Rans, licentié ès-loix premier conseiller pentionnaire. Ch Gabriel Tordreau aussi lic. ès-loix second conseiller pent. Nicolas Pamart pareill. lic. ès loix greff. civil et Michel Desprets aussi lic. ès-droits greffier des causes criminelles.

Sa Majesté ayant eû rapport par le susdit sérénissime Prince dom Jean des signalés services rendus par lesdits du Magistrat à l'occasion dudit siège, et de l'annoblissement leur accordé en son nom royal, en respect d'iceux n'a pas seulement ratifié et confirmé cette mercede, leur en faisant à chacun dépécher une lettre patente, mais pour davantage demontrer l'estime qu'il faisoit desdits services et rendre ledit annoblissement tant plus considérable leur a, d'abondant par une grâce toute particulière remis et quitté tous les droits qui pouvoient être dûs à raison d'icelui selon qu'il conste par les dittes patentes dument enterinées et registrées, tant a la chambre des comptes à Lille que ès offices des premiers Roys et héraux d'armes.

firmation de la continuation en votre charge de Magistrature que nous vous avons accordé pour ceste année, estante notre intention qu'en ceste suite le mesme ait lieu et soit praticqué de votre parte au regard des trois massars de la ville pour le terme ordinaire et accoustumé en leur charge, puisque nous avons pareil appaisement qu'ils s'en sont louablement acquitez. A tant chers et bien amez notre S[r] vous ait en sa saincte garde, du camp de Kiévrain, le 25 julet 1656, *paraphé et signé* D. JUAN, *et plus bas par ordonnance de son Altesse, signé* VERREYKEN. *La superscription estoit :* A noz chers et bien amez les prévost, jurez et eschevins de la ville de Valentienne.

Considéré bien ceste lettre, si ceste grâce ne fut obtenu sans demande et poursuites. Ce ne fut encore assez et ne se contentant de ceste continuation présentèrent requeste à sadite A. pour annoblir entièrement le corp du Magistrat conseillers et greffiers pour les debvoirs par eulx rendu durant le siège n'aiant scea jusques à présent avoir copie n'y la veue de leur requeste que ceulx mesme du bureau laiant veue m'ont dict estre remply de mensonges, entre aultres disans que tous iceulx remonstrans en leurs devancers avoient vescu noblement et choses semblables, tant y at que sans sad. A. où ses ministres prendre appaisement si le narré de leur requestre estoit véritable ou point, on leur donna apostille favorable l'avant dit 25 julet de laquelle la copie suit :

Son Alteze aiant eue raport de ceste remontrance et considéré ce que lui at représenté sur ce subiect le comte d'Hennin sergeant général de bataille et commandant aux armes à Valent. et désirant de rendre exemplaire les bons services que les supplians ont rendu pendant le siège de ceste ville à son entière satisfaction pour la maintenir soubz l'obéissance de sa Ma[té], a pour et au nom de sadite Ma[té], et soubz le bon plaisir d'icelle en mercede et recognoissance particulier desditz services, octroye aux suppliants l'annoblissant cy-requis déclarant quelle en escrira plus particulièrement à sa Ma[té] affin qu'il plaise à icelle leur en faire expédier en corps une seule lettre dont chacun d'eulx pourra levez ung duplicata.

Faict au camp de Quiévrain le 25 julet 1556, paraphe signé D. JUAN *et plus bas par ordonnance de S. A. signé* VERREYKEN.

Voilà comme tout celà fut légèrement obtenu, néantmoins Sire franchois de Dixmude prévost ne se contentoit de cela. Il présenta requeste particulière par laquelle pour ses services rendus durant le siège, qui ne furent néantmoins grand encore qu'il les faisoit esclater par ses vanteries ordinaires, si est ce qu'il ne bougea guère de la maison de ville où il avoit prins son logement soubz prétexte qu'il seroit plus à la main comme avez veue cy devant, mais ce fut plutost pour estre arrière des coups, à raison que sa maison estoit proche la porte de Montoise où les coups se donnoient, aussy ne se trouvat-il aux attacques ny rampars pour veoir ce qui se passoit, se contentant des rapports qu'on lui en faisoit et de prendre tous les matins un bon chaudeau pour sa consolation. Voilà les louanges tout au plus véritables qu'on lui peult donner. Cependant il demandoit à S. A. pour des récompenses particulières qu'il fut faict chevalier de l'ordre de St-Jacques, du conseil de guerre, qu'on lui assigneroit une pention de 300 escus à lui payez annuellement sa vie durant sur le bony des asennes de sa Ma[té] en Valent. — Item qu'on exempteroit le bien, qu'il avoit en Flandres de touttes tailles et gabelles etc., de ce qu'il obtint la desur le voirez cy après, mais je vous dictz encore qu'il ne feit autre debvoir que ce qui est reprins cy devant et de se trouver au conseil de guerre, où se communicquoit peu de chose et seulement ce que les supérieurs vouloient qu'on scauroit.

Puis que somes sur ceste matière avecq protestation de n'offenser personne, je vous déclareray icy avecq vérité la qualité de tout ceste nouvelle noblesse :

» Premièrement sire François de Dixmude, prévost, estoit fils de feu Josse Dixmude, ainsi s'appeloit-il sans De devant son surnom, comme témoignent miliaces de ses signatures qu'on trouve audit Valentiennes, et ne se trouvera que jamais iceluy en tous acts qu'il at passez comme mayeur de ladite ville se soit jamais titulé écuyer, comme fit son fils, ains est toujours appelé en tous debvoirs de lois en qualité de mayeur qu'il estoit honnorable home Josse Dixmude, etc., aussy iceluy avoit esté serviteur et valet de chambre à Monsieur Richardot, qui fut président du Conseil d'Estat et Privé de S. M. lequel pourveut iceluy Josse de l'estat de la mayrie de ceste ville, avecq quoy il feit sa fortune et esleva ses enffans honnorablement.

» Franchois Michel, lieutenant, vivoit aussi de ses revenus, et estoit fils de feu Jacques qui fut marchand de toilettes, etc.

» Martin Bretel, vivoit de mesme de ses revenus estoit fils de feu Toussaint qui fut échevin de ceste ville.

» Jean Boulik, Sr de Surhon, vivoit de mesme, estoit fils de Nicolas. Iceluy fut malade pendant le siège, etc.

» Me Jean Lelièvre, fils de..... qui fut sergeant de la forêt de Mourmal et luy valet à Phe de Beaumont receppveur general de Haynau au Quesnoy, et à présent greffier du village d'Hasnon.

» Anthoine Hardy advocat, fils de Nicolas, qui fut fils de Philippe, lesquels Nicolas, Philippe et le père dudit Philippe furent tous tondeurs de grand forces et veu iceluy Nicolas et Philippe travailler dudit styl.

» Nicolas Deschamps, vivant de ses revenus, estoit fils de.... qui fut facteur de toilettes et sayeteries.

» Philippe-François de Rans, fils de Jacques, premier conseiller de ceste ville, aussy advocat comme avoit esté son père. Aussy le consulat Jacques de Bonnière, marchand de bois et fils de Franchois qui fut marchand de lin et d'estouppes, tenant boutique ouverte de ces denrées en la rue Tournisienne, appellé ordinairement François au lin.

» Philippe Malapert, fillatier, fils de Jacques qui fut échevin de ceste ville.

» Ladmoral de Rantre, fils de Philippe, capitaine bourgeois en ceste ville.

» Aimerie-Franchois d'Espiennes, Sr de St-Rémy, vivant en gentilhomme comme avoit faite son père, appellé François Sr de la Porquerie.(1)

» Arnoul D'Huez, fils de... qui fut marchand de cheval come at aussy esté ledit Arnoul, auparavant qu'il eust espousé la vesve Pierre Guilbaut.

» Jacque de Rans, premier pensionnaire de ceste ville, lequel ne fut hors du lict et de sa maison durant le siège, ayant eu continuellement la goutte, cependant ne laissa d'avoir le bénéfice aussy bien que les aultres. Iceluy estoit fils de Jean de Rans, advocat walon, lequel avoit espousé la fille de Jean Huaine, teinturier.

» Charles-Gabriel Tordreau, d'advocat fut fait 2e pensionnaire de ceste ville, estoit fils de Pierre qui fut 1er pensionnaire d'icelle et iceluy estoit fils de.... qui fut clercq, vulgairement appelé Ganimède, et avoit un oncle frère de son père, qui fut fourier des Bigornieux et clercq de la porte Nostre-Dame.(2)

» Me Nicolas Pamart, de Douay, d'advocat fut fait gref-

(1) « Des preuves fut fait depuis qui ont prouvé qu'il étoit noble. » (Note d'un anonyme.)

(2) « Cest oncle s'appeloit Charles, frére de Me Pierre Tordreau. » (S. L. B.)

fier civil de ceste ville, cestuy-cy fut obmis d'estre dénomé en la liste qu'on donna à S. A. de façon qu'il lui convint présenter nouvelle requeste pour estre joint aux aultres laquelle fut renvoyez au susdit Magistrat pour advoir leur advis qu'ils donnèrent favorable le 10e d'aoust ensuivant. Iceluy Nicolas estoit fils de...

» Me Michel Despretz, greffier criminel, auparavant advocat et fils de feu Me Henry qui fut aussy advocat et eschevin de ceste ville. Son oncle, frère audict Henry appelé Philippe fut clercq de la porte Montoise et enseignoit les enffans à l'escole dominicalle.

» Me Jacques Despretz, greffier des Werps, fut aussi obmis en la liste et ne poursuiva pas pour y estre replacé, disant n'avoir cest ambition en teste, puisque son père avoit esté cordonnier, etc.

Mais ce ne fut assez, le duc de Bornonville alias comte de Hennin aiant mémoire du bénéfice qu'il recepvoit des massars au moyen de dons que la ville lui faisoit obtint aussy de sadite Alse le mesme degré de noblesse pour lesdits trois massars asçavoir :[1]

Maximilien de Sars[2] massart fils de Jean qui fut bailly de Sautain recepveur de Quarouble et eschevin de ceste ville :

Florent Hangoubart second massars fils de David qui fut eschevin et massart de ceste ville.

(1) Le 11 9bre 1656 lesdits massars receuprent nouvelle que le Roy leur avoit accorde le degré de noblesse pourveue payer les lettres, scel, et autres menus frais portans ensamble à chacun d'iceulx la somme de 350 fl. environ (mots illisibles) de par de ça.

(2) « Les de Sars estoient nobles très anciennement les Hangoubart furent annoblis en 1626 (Anonyme) Iceluy Florent morut le 3 9bre dudit an. » (G. L. D.)

Il existe à la Bibliothèque (Ms 990) des lettres de noblesse avec armoiries envoyées à propos du même siège à un nommé Jacques de Bonnières qui faisait alors partie du Magistrat.

Jean Anthoine Dursens ? recepveur des impôts nouveaux fils d'Anthoine qui fut aussi eschevin de ceste ville.

Sur ceste libéralité d'accord plusieurs du Conseil particulier et aultres présentèrent aussi requeste à son Alteze remonstrans leurs debvoirs rendus durant le siège requérant en suite de ce, lettres d'annoblissement, mais on coupa brêche et fut dit qu'aux occasions on auroit mémoire d'eulx...

A ce rencontre Sire Franchois de Dixmude notre Prévost receut lettre du Président Houines par laquelle il l'advertissoit que S. A. lui avoit accordé la chevalerie de St-Jacques pourveue ny avoir aulcune répugnance come aussy lui avoit accordé le tiltre de Conseil de guerre et pour le surplus de sa requeste estoit tenue en surséance.

Le 3e dudit mois d'aout conseil particulier où fut leue la lettre de S. A. du 25 julet de laquelle copie est cy devant touchant la continuation du Magistrat et des massars.

Sur ceste lettre y eult divers propos notament que le Magistrat ne debvoit poursuivre des choses semblables directement contre les privilèges de la ville et par ainsy contre leur serment. Sur quoy aulcuns dudit Magistrat furent si impertinent que il dire quon ne nous proposoit pas cela et partans que nous debvions parler, ce qui se passa de la sorte. Mais quand aux massars fut ordonné d'en désabuser son Altesse et lui remonstrer qu'iceulx n'avoient fait aulcun debvoir outre leur charge et que leur terme avoit encore à durer un an par ainsy que la collation de leurs charges seroient à faire par eulx estans lors du Magistrat et conseil et choses semblables etc...

Le dit jour Conseil particulier où fut leue la rescription pour présenter à S. A. remonstrans les inconvéniens qui pourraient arriver en accordant aux massars une continuation d'un nouveau terme en leur charge...

Leue aussy par escript les demandes qu'on poldroit faire

à sadite Altesse au nom de la bourgeoisie en récompense des fatigues endurées durant le siège et démonstrations de leur fidélité ils se demandoit d'estre exempt de payer aulcuns aydes ny subsides de 12 ans d'icy. Item d'estre exempt de garnison en suite des lettres du Prince de Parme etc.....

Leue lettre du comte de Buquoy par laquelle il mandoit avoir receu la lettre de S. A. pour la continuation du Magistrat, et que cependant ferions bien de procurer lettre du Roy de non préiudice à nos privilèges, tant pour la continuation dudit Magistrat conseil particulier que surintendans des ouvrages. Ordonné de procurer les susdites lettres de non préiudice.

Fut leue l'acte de non préiudice obtenu de S. A. pour la continuation du Magistrat qui estoit tel :

« Son Alteze aiant eu rapport du contenu de ceste requesté at dispensé et dispense les supplians pour ceste fois du serment cy mentionné concernant le renouvellement annuel du Magistrat entendant que la présente continuation d'iceluy se feit sans innover ny altérer en ce regard les privilèges ou usage de la dite ville à l'effect de quoy ceste présente apostille vaudrat acte de non préiudice. »

Faict au camp devant Condet le 17 d'aoust 1656, *paraphé et signé* D. JUAN *et plus bas par ordonnance de S. A. signé* VERREYKEN.

La nouvelle de la délivrance de Valenciennes portée à Madrid y avait causé comme nous l'avons dit, une grande joie. Le Roi voulut témoigner toute sa reconnaissance à d'aussi vaillants sujets en leur écrivant. Mais sa lettre n'arriva que près de quatre ans après au commencement de 1660. En voici la teneur :

Le Roy

« Chers et bien aimés. Estant informer des bons devoirs et assistance que vous avez contribué pour la défence de ceste ville là, durant le dernier siège des françois avec généreuse résistance à tous les efforts des ennemis jusques à ce qu'elle a été glorieusement secourue par nos armées commandées par notre fils Dom Jean d'Austriche nôtre Lieutenant Gouverneur général de nos pays de part de là, et ne pouvant obmettre de vous en témoigner nôtre reconnoissance et estime que nous faisons de votre zèle à notre service, nous avons bien voulu vous faire ceste pour vous en rendre grâce, nous confiant enthièrement de votre amour et fidélité en toutes autres occurences, à tant chers et bien aimés notre Seigneur vous ait en sa Ste garde. De Madrid le huitiesme de Novembre 1659. *Paraphé et soussigné* Philippe, *et plus bas* Dom Francesco de Foncera Perez. *La superscription étoit*: A nos chers et bien aimez les Prévot, Jurez et Eschevins de nostre ville de Vallenciennes. *Et étoient lesdites lettres cachetées du cachet de sa Majesté en pain rouge*.(1)

Les Valenciennois de 1656 se montrèrent à juste titre, très fiers de la marque de satisfaction que leur adressait le monarque de toutes les Espagnes.

Depuis, leurs descendants furent toujours dignes de semblables témoignages de reconnaissance car près d'un siècle et demi plus tard, ils recevaient de l'Assemblée Nationale, après les horreurs d'un siège aussi vaillamment soutenu bien qu'avec moins de succès que celui de

(1) Extrait du Registre des *Choses communes* de la ville de Valenciennes. (Ms 543-750, p. 230, copie du 7 janvier 1660).

1656, cette magnifique récompense dont le souvenir est conservé à jamais dans l'inscription qui brille en lettres d'or au fronton de notre Hôtel-de-Ville :

VALENCIENNES A BIEN MÉRITÉ DE LA PATRIE.

GLOSSAIRE

DES MOTS ANCIENS ET PEU CONNUS

Familiers a Simon LE BOUCQ

Advouer	Autoriser, approuver.
Ains............	Mais.
Alfarez........	Porte-Enseigne.
Ammonition	Munition.
Appeau.........	Sonnerie.
Assennes.......	Rentes créées par le Souverain en faveur de ceux dont on avait pris le terrain pour les fortifications.
Attarger	Retarder.
Attelle........	Ou Ottelle, terme de charpentier, morceau de bois qui sert à en soutenir un autre auquel il est assemblé.
Bigorniaux.....	Louche. Nom d'une compagnie bourgeoise, laquelle à ce qu'on prétend n'était composée dans l'origine que de louches. Elle marchait sous la bannière de Ne Dame de Malaise au Bois. Il serait plus vraisemblable de dire que cette compagnie était primitivement formée d'ouvriers qui se servaient de bigornes, bâtons ferrés par un bout.
Bolverc........	Rempart. redoute.
Bouracher	Qui faisait des tapis de haute lisse. des bouracans et autres étoffes en laine mêlée de fil.
Brandwin	Eau-de-Vie.
Bretecque	Ou « loge as bans » chaire sur la façade de la maison échevinalle où se plaçait le héraut d'armes pour publier les arrêts du Magistrat.
Burie...........	Blanchisserie, buanderie.
Caière	Chaise.
Calit	Châlit, bois de lit fait de rondins d'aulne.
Cambier........	Brasseur.
Carole.........	Sorte de plate-bande en corniche dans un bâtiment
Cense..........	Ferme, métairie.
Chevaillerie...	Cavalerie.
Cousture	Culture, champ, enclos cultivé.

Dosse	Planche épaisse.
Doxal	Jubé, tribune où l'on place l'orgue.
Eaulwe	Ou « Eauwes » eaux.
Entercqué	Goudronné. Tercque goudron.
Estaque	Poteau auquel on attachait les criminels condamnés à l'exposition.
Estrain	Chaume.
Fierte	Châsse de saint, de *feretrum*, bière, cercueil.
Gollenée	Très petite mesure de grains.
Hauwe	Houe.
Hobette	Espèce de maisonnette, de corps de garde.
Hoir	Héritier.
Inciter	Exciter, pousser, (*incitare*).
Liceton	Ruban, liséré.
Louchet	Bêche droite.
Maltote	Droit sur les boissons.
Mencaud	Mesure de capacité pour les grains, un peu plus de 50 litres.
Moye	Tas, Meules.
Mulquinier	Ouvrier qui tisse les batistes et les linons.
Nocquière	Nochère, gouttière.
Patacon	Pièce de monnaie valant 48 patars ou 60 sous tournois.
Patar	Pièce de monnaie valant 0,06 environ.
Poldoir	Pouvoir.
Pourpris	« L'enclos, les environs et prochaines clostures de quelque lieu seigneurial, hôtel noble ou église » (Laurière).
Pouvillon	Flocon.
Rataindre	Atteindre.
Redimables	Rachetables (*redimere*).
Saiette	Sorte de laine mêlée de soie.
Sayteur	Ouvrier qui travaille la saiette.
Terce	Mot francisé de l'espagnol *tercio* qui signifie régiment.
Trousse	Paquet, touffe.
Vaisseau	Mesure pour les grains, environ 25 litres.
Vieswariers	Fripier.

TABLE DES MATIÈRES

EN PRÉPARATION

DU MÊME AUTEUR :

FÊTES & RÉJOUISSANCES PUBLIQUES

A VALENCIENNES

DEPUIS L'ORIGINE JUSQU'AU XVIIe SIÈCLE

www.ingramcontent.com/pod-product-compliance
Ingram Content Group UK Ltd.
Pitfield, Milton Keynes, MK11 3LW, UK
UKHW022050190726
13855UKWH00002B/460

9 782013 358286